अनन्य कृति यू.ए.ई.

संपादन एवं संकलन

डॉ. आरती 'लोकेश'

NOTION PRESS

India. Singapore. Malaysia.

Made with ♥ on the Notion Press Platform

www.notionpress.com

Notion Press

Old No. 38, New No. 6
McNichols Road, Chetpet
Chennai - 600 031

यू.ए.ई. के रचनाकारों को समर्पित

अनुक्रम

Contents

CONTENTS

CONTENTS

आमुख

प्रधान संपादक की कलम से -

जून 2022 में जब भारतीय कौंसलावास न्यूयॉर्क ने अपनी आधिकारिक वेबसाइट से हमारे हिंदी पत्रिका शुरू करने के प्रस्ताव को स्वीकार किया तो हमारी ख़ुशी स्वाभाविक थी। 'अनन्य' के नाम से शुरू की गई यह पत्रिका भारत से बाहर किसी भी आधिकारिक वेब साइट से निकलने वाली पहली हिंदी पत्रिका थी। कुछ ही महीनों के बाद हमें यह विचार आया कि यदि हम न्यूयॉर्क से हिंदी पत्रिका निकाल सकते हैं तो क्यों न यही प्रयास अन्य देशों में भी शुरू किए जाएँ। हमारा यह मानना था कि भारत से बाहर भी लगभग हर देश में हिंदी प्रेमियों की कमी नहीं है। ज़रूरत है सिर्फ़ उनकी अभिव्यक्ति और विचारों को मंच देने की।

जब हमने अन्य देशों में ऐसे व्यक्तियों की तलाश शुरू की जो अनन्य के पंख फैलाने में हमारी मदद कर सकें तो यू.ए.ई. से डॉ. आरती लोकेश का नाम सब से पहले दिमाग़ में आया। मैं इस से पहले आरती के साथ विश्वरंग महोत्सव में काम कर चुका था और उनकी साहित्य और भारतीय संस्कृति की समझ और उसके प्रति प्रेम से बहुत अच्छी तरह परिचित था। जैसी कि मुझे आशा थी, आरती ने अनन्य का काम बहुत कुशलता से सम्भाला और जुलाई 2022 से शुरू कर के अब तक नियमित रूप

से अनन्य यू.ए.ई. का सफल सम्पादन किया। अनन्य यू.ए.ई. लगभग पूरी तरह से स्थानीय प्रयास है। स्थानीय लेखक, स्थानीय सम्पादन, स्थानीय साज सज्जा और स्थानीय ख़ुशबू।

अब लगभग एक साल तक अनन्य यू.ए.ई. को वेब पत्रिका के रूप में सफलतापूर्वक निकालने के बाद यह आरती का ही विचार था कि इसे समग्र रूप में प्रिंट फ़ॉर्मैट में लाया जाए। इस विचार के क्रियान्वयन में विकास भार्गव उनका साथ दे रहे हैं। मुझे विश्वास है कि उनका यह प्रयास अनन्य को और अधिक पाठकों तक पहुँचाएगा और हिंदी के प्रचार प्रसार में सहयोग देगा। मैं उन्हें और सम्पादक मंडल को इस इस प्रयास के लिए अपनी शुभ कामनाएँ प्रेषित करता हूँ।

अनूप भार्गव

प्रबंध संपादक – अनन्य

प्रस्तावना

यू.ए.ई. एक छोटा-सा देश है। भूमंडल के नक्शे पर सहज ही दिख जाए, ऐसा वृहदाकार नहीं है। खोजने से मिल जाए, ऐसा अवश्य है। मध्य पूर्व के देशों के पूर्वग्रह से अलग हटकर इसने अपनी पहचान बनाने के लिए बहुत ज़ोर लगाया है। अपनी भौतिक विशेषताओं से इसने हाल ही में सारी दुनिया में अपना नाम बनाया है। कुछ ऐसी ही स्थिति यहाँ के हिंदी-प्रेमियों की भी है। यहाँ बसे प्रवासियों ने पिछले कुछ वर्षों में ही अपनी पहचान दुनिया के लेखकों व कवियों के बीच बनाई है। इस पहचान का ही परिणाम है कि अनन्य पत्रिका, जो कि भारतीय कौंसलावास न्यूयॉर्क से प्रकाशित होनी आरंभ हुई, उसके प्रधान संपादक श्री अनूप भार्गव जी ने जब विश्व के अन्य देशों से अनन्य निकालने पर विचार किया तो यू.ए.ई. को पहली कड़ी में ही सम्मिलित किया। अनन्य विश्व की संकल्पना को मूर्त रूप देनेवाले पहले पाँच देशों में से एक यू.ए.ई. भी रहा।

अगस्त 2022 में अनन्य यू.ए.ई. का प्रवेशांक दुनियाभर के पाठकों के हाथ में पहुँचा तो पत्रिका जगत में यू.ए.ई. एक बार फिर चर्चा में आ गया। रचनाकारों के मध्य अपनी पहली पत्रिका देखकर खुशी की लहर दौड़ गई। यूँ तो यू.ए.ई. से कई अन्य पत्रिकाएँ निकलती हैं, लेकिन यह अकेली ऐसी पत्रिका है जो पूर्णत: यू.ए.ई. के रचनाकारों और रचनाओं को समर्पित है। पत्रिका का उद्देश्य ही है यहाँ के प्रवासी भारतीयों के मन को दुनिया के सामने खोलना, यहाँ की सांस्कृतिक-सामाजिक विशिष्टताओं को दूर-दूर तक पहुँचाना और इसके माध्यम से हिंदी प्रवासी भारतीय संसार से जुड़ना। अब तक पत्रिका अपने मूल उद्देश्य को थामकर आगे बढ़ रही है और इसे अच्छा प्रतिसाद भी प्राप्त हो रहा है।

मासिक प्रकाशित हो रही पत्रिका को द्वैमासिक का रूप दिया गया जब विश्व में उड़ता अनन्य का पंछी पंद्रह देशों की उड़ान भरने लगा। इससे सही देशों को कार्य को सुचारु रूप से करने के लिए पर्याप्त समय भी उपलब्ध हो गया। यू.ए.ई. जैसे देश

के लिए, जहाँ बहुत सीमित संख्या में ही रचनाकार हैं, यह एक राहत की तरह सामने आया। इसका लाभ यह हुआ कि उत्कृष्ट रचनाओं के चयन की सुविधा संपादक-मंडल को मिल सकी।

यद्यपि अब तक इसके आठ-नौ अंक प्रकाशित हो चुके हैं तथापि इस पुस्तक में हमने पहले चार अंकों की रचनाओं को सम्मिलित किया है। ये पहले चार अंक 2022 के समग्र अंक हैं। तो कहा जा सकता है कि यह पुस्तक 'अनन्य कृति यू.ए.ई.' 2022 की रचनाओं का समावेशकारी दस्तावेज है।

डॉ. आरती 'लोकेश'

संपादक

आभार

इस पुस्तक को आपके हाथों तक पहुँचाना आसान न था। अनेक मनुष्यों का बहुत-सा श्रम, समर्पण और लगन लगी है इस कार्य में। सबसे पहले तो हैं वे कृतिकार जिन्होंने इस पुस्तक के निर्माण में योगदान दिया। अपनी अनन्य रचनाओं को इस पुस्तक में लेने की सहमति जताई। प्रिय सखी मीरा ठाकुर और अनु बाफना का धन्यवाद कर मैं उनके श्रम के महत्त्व को कम करने की आकांक्षा नहीं रखती अत: उनकी भूरि-भूरि प्रशंसा करती हूँ। इन दोनों के साथ के बिना न तो 'अनन्य यू.ए.ई.' को अस्तित्व में लाना संभव हो सकता था, न ही इस पुस्तक को।

इस पुस्तक के संकलन के प्रस्ताव का अनुमोदन करने वाले सभी गुणी रचनाकारों का आभार करती हूँ। प्रिय कौसर भुट्टो की भी आभारी हूँ जिन्होंने इस पुस्तक की सामग्री व्यवस्थित करने में मेरी सहायता की। श्री विकास भार्गव जी का बहुत आभार कि इस पुस्तक के विमोचन की योजना भी चटपट बना डाली।

कृतज्ञ हूँ अग्रज आदरणीय अनूप भार्गव जी की जिनकी दूरदृष्टि सदा हिंदी से प्यार करने वालों को चीह्रकर प्रेम-प्रदर्शन का उचित अवसर प्रदान करती है। उनके संरक्षण में ही पत्रिका सतत आकार लेती रही और सराहना की पात्र बनी रही है। आपकी पैनी निगाह से कोई चूक बच नहीं सकी और प्रतिपुष्टि से पत्रिका की गुणवत्ता में उत्तरोत्तर सुधार आया। आपके मार्गदर्शन में पत्रिका नित नये आयामों को छुआ और आगे भी यह यात्रा जारी रहेगी। इस पुस्तक की रचना के विचार पर भी आपसे खूब बढ़ावा मिला।

सम्माननीय श्री विजेंद्र एस. विज जी के क्या कहने! हर अंक को खूबसूरती उनके आवरण चित्रों द्वारा ही प्राप्त हो सकी। ज्ञानवान बालेंदु शर्मा दाधीच जी के लिए भी श्रद्धा से नतमस्तक हूँ कि उन्होंने ऐसी कक्षाएँ प्रदान कीं कि पत्रिका-निर्माण से संबंधी सभी कार्य हमने उनके पर्यवेक्षण में सीखकर अमल किए।

अंत में वे, जो अग्रिम धन्यवाद के अधिकारी हैं- हमारे पाठकगण, जिन्होंने दिल खोलकर हम पर स्नेह लुटाया और हमें आगे ही आगे बढ़ते रहने को प्रेरित किया। उनसे मिले दो मीठे शब्दों ने पीठ पर थपथपी का अहसास कराया और यह विश्वास दिलाया कि हम सही मार्ग पर हैं। हमारी गुणवत्ता की जाँच की कसौटी भी ये पाठक रहे हैं। 'लोक उवाच' नामक प्रतिक्रिया कॉलम में हमने सूर्यकांत सुतार सूर्य (तंजानिया), सुधा राठौड़ (भारत), हरप्रीत सिंह पुरी (चीन), सरोजिनी प्रीतम (भारत), चंद्रमणि पांडे (भारत), आशीष मिश्रा (यू.के.), प्रधान संपादक अनूप भार्गव (यू.एस.ए.) की टिप्पणियों को शामिल किया है। जैसा स्नेह अनन्य यू.ए.ई. पत्रिका को जनता का प्राप्त हुआ वैसा ही इस पुस्तक को भी मिले, इसी कामना के साथ यह पुस्तक मैं सुधी पाठकों के हाथों में सौंपती हूँ।

प्रवेश

इस पुस्तक में पाठकों की रुचि और सुविधा के लिए इसे 6 अध्यायों में विभाजित किया गया है। पहले तीन अध्याय साहित्यिक रुचि रखने वाले पाठकों के लिए हैं और शेष अध्याय कलात्मक रुचिवान मनीषियों के लिए हैं। पहले अध्याय ‘काव्य खंड’ में अनेक प्रकार की पद्य रचनाओं को संकलित किया गया है। कविता, ग़ज़ल, गीत, हाइकु तथा चित्राधारित काव्य कृतियाँ इसी अध्याय का अंग हैं। इस खंड में यू.ए.ई. के विभिन्न स्कूलों में पढ़ रहे छात्र-छात्राओं की रचनाओं को प्रमुखता से स्थान दिया गया है।

दूसरे अध्याय ‘कथात्मक गद्य’ में काल्पनिक कथनीय कथाओं को लिया गया है। इसमें चार कहानियों के अतिरिक्त एक लघुकथा भी है। इस अध्याय की विशेषता भी यही है कि इसमें एक नन्ही छात्रा द्वारा लिखी गई कहानी को भी शामिल किया गया है। छात्रा आशिका सिंह द्वारा रचित यह कहानी एक प्रतियोगिता की विजेता रही है और बाल-लेखिका में भरी अपार संभावनाओं की उद्घोषणा करती है।

तीसरे अध्याय में हमने ‘कथेतर गद्य’ को रखा है। इसमें तथ्यालेख, संस्मरण, रपट, व्यंग्य, यात्रा, समीक्षा तथा सम्पादकीय जैसे आलेख आए हैं। इस खंड में यू.ए.ई. की संस्कृति के साथ-साथ भारतीय सांस्कृतिक विरासत की प्रहरी रचनाएँ अपनी धरोहर की ध्वजा उठाए हुए प्रतीत होंगी। इस खंड में यू.ए.ई. से अपेक्षा है कि वह मानचित्र पर कुछ और उभरकर सामने आएगा।

चौथा खंड ‘चित्र कानन’ आँखों को सुकून और हृदय को हर्षित करने वाली सामग्री लेकर उपस्थित हुआ है। अनन्य यू.ए.ई. पत्रिका में अधिकतर अंतिम कुछ पृष्ठ एक चित्रकार के लिए सुरक्षित किए जाते रहे हैं। उसी परंपरा का निर्वहन करते हुए उन चित्रों से हमने इस अध्याय को सुशोभित किया है। इसके साथ ही पत्रिका का पृष्ठ आवरण बनने वाले चित्रों को भी ज्यों का त्यों इस पुस्तक में संजो लिया है ताकि आप पत्रिका की किसी भी छवि से वंचित न रह जाएँ।

पत्रिका के मुखावरण अनन्य (मुख्य पत्रिका) के कला संपादक श्री विजेंद्र एस. विज द्वारा रचे गए हैं। जैसे कि मुख पृष्ठ के बिना एक पत्रिका अधूरी रहती है, वैसे ही यह अधूरापन हमें जब इस पुस्तक में लगा तो उनकी झलक को भी शामिल किया गया। यही सम्पूर्णता पाँचवाँ अध्याय 'आवरण चित्र' बनकर उपस्थित हुई।

अंतिम मगर सबसे महत्त्वपूर्ण है छठा अध्याय 'अनन्य यू.ए.ई. कृतिकार'। इस अध्याय में पाठकगण हमारे रचनाकारों से निकट से परिचित हो सकेंगे और उनके अणुडाक पते के द्वारा उनसे आत्मीय संबंध स्थापित कर सकेंगे। यही हम सबकी आप सबसे प्रार्थना भी है कि यदि कोई रचना आपके नेत्रों के रास्ते उर में उतर जाए तो उस कृतिकार को मेल द्वारा अवश्य सूचित करें।

आपकी प्रतिक्रियाओं की प्रतीक्षा में-

समस्त अनन्य यू.ए.ई. कृतिकार...

काव्य खंड

कविता

ऐ मानव!

शेखर रामकृष्ण तिवारी 'शेखू'

रूप मिला तो ठीक से देख नहीं पाया,
गंध मिली तो स्वाद खो आया,
जुबाँ खुली तो शब्द बौना लग रहा था,
माया मिली तो पग ठीक से नहीं रख पाया।

उल्लू कितना समझ नहीं पाया,
जीवन मिला तो जी नहीं पाया,
हँसता रहा औरों पर ही सदा,
अपनी सदा देख नहीं पाया।

जड़ों को अपनी नजरंदाज करता आया,
तन कर खुद, खुद नहीं बन पाया,
टहनियों और फूलों की क्या है सजा,
तू धरा का वृक्ष नहीं बन पाया।

मनमोहक सुगंध नहीं ले पाया,
अपने लिए कुआँ खोद आया,
बैठा रहा खुदगर्जी की मुंडेर पर,
कब्र में भी ठीक से समा नहीं पाया।

रात भर चैन से सो नहीं पाया,
दिन भर निन्यानवे करता आया,
बचा ही क्या तेरे पास ये "शेखर"
लेकर भी आखिर तूने क्या पाया।

किसी को हँसा नहीं पाया,
अपने गम भुला नहीं पाया,
कमियाँ ढूँढने में जहाँ की,
अपनी हस्ती भी न बना पाया।

-    अनन्य यू.ए.ई. के अगस्त 2022 अंक में प्रकाशित

यादों का शोर

ऋचा मित्तल

चल आ कुछ बात करें, तन्हाई में अपने से,
चाय की प्याली के साथ, पुराने लम्हों को याद करें।
यादों के झरोखे से, मन की किताब के पन्नों से,
बारिश के मौसम में, गीली मिट्टी की खुशबू को,
कारों के पहियों से, कीचड़ के उन छींटों को,
कागज की नाव को, इंद्रधनुष के रंगों को,
पकौड़ों की खुशबू को, रेडियो पर गीतों को,
कभी ना खतम होने वाले, बातों के सिलसिले को,
चल आ कुछ बात करें, आज तू मेरा मन आ,
तन्हाई को भेद दें, यादों के इस शोर से!!

खोई पगडंडी

ऋचा मित्तल

वह जो सड़क है पहुँचाती मंजिल पर,
मेरा वजूद जैसे, खोया है उसके आने पर,
वह झाड़ी, वे पेड़, उग आए जंगली फूल, वे पौधे,
आलिंगनबद्ध कर हौंसला दे रहे मुझे,

तू कहीं खोई नहीं है, हम सब का जीवन सृजन है तू,

स्वाभिमान है तू, अपनेपन का एहसास है तू,

तू तराशी ना गई हो भले,

कदमों से बनी स्वरचित रचना है तू।

नए पथ का आगाज है तू,

एक विश्वास, एक चेतना है तू,

तू पगडंडी घुली नहीं, नई राहों का मुकाम है,

तो जो वो सड़क पहुँचती है मंजिल पर,

उससे मेरा वजूद कहीं हिला नहीं।

मैं खोई-सी पगडंडी, नए रूप में पथ सृजन हूँ,

पथिक का ना सही, बहूजीवों का मार्ग,

उनका जीवन हूँ,

पर्यायवरण का एक हिस्सा हूँ मैं।

- अनन्य यू.ए.ई. के अगस्त 2022 अंक में प्रकाशित

भारत की बिंदी

एन मैरी जोसफ़

अध्यापिका मुझसे कहती थी,
"हिंदी भाषा नहीं, अभिव्यक्ति है,
हर भारतीय में एकता लाने वाला एहसास"
जिस कारण मैं हिंदी को पवित्र मानती हूँ।

अगर हमारे शिक्षक नहीं होते,
हम ज़िन्दगी की सड़कों पर भटकते रहते,
उन्होनें हमें रोशनी की दिशा नहीं दिखाई होती,
तो हम दुनिया को न जानते, अँधेरे में रहते।

और मेरी अध्यापिका ने ही सिखाया था,
कि हिंदी है भारत की अनोखी बिंदी,
प्यार की बोली और सत्य की समर्थक,
जो हमेशा रहेगा भारतीय दिल के पास।

भारतीय संस्कृति है हिंदी की निशानी,
ताज पर एक अनोखा रत्न।
क्योंकि अंत में हम सारे भारतीय,
लौटकर आएँगे भारत।

हमारी रगों में बहता है,
वर्षों पुराना गौरवशाली इतिहास,
जिसे सुनकर-सुनाकर थकता नहीं,

भारतीय सपूत आज है।

और जहाँ भी जाएँ, खुशी-खुशी बताएँ,
कि हम भारतीय हैं और हिंदी हमारी शान है,
और जब-जब लोग हमें पहचानें,
बोले, मेरी भारत माता की बिंदी हिंदी है।

हिंदी है प्यार की बोली,
यही है भारत का अभिमान,
जहाँ प्रीत का है प्रथम शिक्षक,
वहाँ का रत्न अनमोल।

भारतीय संस्कृति में जुड़ी है एकता की शान,
जहाँ सबको मिलता है अपना अभिमान,
जहाँ काला-सफ़ेद नहीं कुछ होता,
हिंदू ईसाई मुसलमान सिख रहते हैं एक साथ।

भारत में नैतिक मूल्य होते हैं प्रथम,
माता, पिता, गुरु देवं है यहाँ की रीति,
दिन की शुरुआत होती है इनके ज्ञान से,
और सभी को मिलती है नीति।

शिवाजी की गाथा, शौर्य-पराक्रम की कहानी,
खादी, मोहिनीअट्टम, शास्त्रीय संगीत की जुबानी,
ये कहानियाँ है भारतीय एकता की निशानी,
जो सदियों के लिए बताई गई है हिंदी में।

भारतीय संस्कृति में हिंदी चलती है

एक दूसरे के बिना अधूरा टुकड़ा,
भारतीय संस्कृति की उचित परिभाषा
हिंदी में बताया गया, भारत का मुखड़ा।

चाहे खादी की कहानी हो, या मुगलों के राज,
भरतनाट्यम की सुंदरता, दिवाली के रीति-रिवाज,
भारतीय संस्कृति की अनोखी कहानियाँ,
जो है हिंदी की जुबानियाँ।

संस्कृति की पहचान है हिंदी,
गौरवशाली इतिहास की जान है हिंदी,
भारतीयों मूल्यों की पहचान है हिंदी,
विश्वगुरु भारत की शान है हिंदी!

-    अनन्य यू.ए.ई. के सितम्बर 2022 अंक में प्रकाशित

हिंदी – एक भाषा से बढ़कर

एंजेलीना जिनेश जॉर्ज

क, ख, ग, घ ...
से शुरु होती हैं यह भाषा,
पढ़ाई और लिखाई है आसान,
लगती सबसे न्यारी,
भावी राष्ट्रीयभाषा हमारी।
अंग्रेजी, अरबी और फ्रेंच दिलचस्प हैं,
लेकिन, हिन्दी सीखना ज्यादा दिलचस्प है।
जनता की भाषा है हिन्दी,
भारत की आशा है हिन्दी।
मजबूत भाषा है हिंदी,
एकता की अनुपम परम्परा हैं हिंदी,
जीवन की परिभाषा हैं हिंदी,
हिंदी सभी को प्रिय है।
हम भारतीयों को अपनी भाषा पर गर्व है,
महात्मा गाँधी, रानी लक्ष्मी बाई, नरेंद्र मोदी,
नेहरू, सुभाष चंद्र बोस प्रसिद्ध हैं।
उनमें है एक समान,
वे सब हिन्दी को प्यार करते हैं और हिन्दी बोलते हैं,

हिंदी हमें ज्ञान से ज्यादा देती,
हमें भावनाओं को समझने में मदद करती,
कलम और स्याही इस रोचक भाषा को
लिखने में गर्व महसूस करते,

हिंदी सीखने से हमें अच्छा दिमाग मिलता,

रवींद्रनाथ टैगोर, चंदबरदाई, कबीर और तुलसीदास,

है महान भारतीय कवि,

ये हिन्दी भाषा की संस्कृति को फैलाकर

भारत को गौरवान्वित करते हैं।

हिंदी के महत्व को सीखने-जानने में मदद करते,

पूरे दिन, सप्ताह, महीने और साल हिन्दी पढ़ना,

सोने से भी है अधिक मूल्यवान,

हमारे जन्म भविष्य में फैलाने के लिए,

पिता से पुत्र तक फैलने के लिए,

हमारी समृद्ध संस्कृति को फलने-फूलने के लिए,

हम हिन्दी दिवस मनाते हैं,

हिंदी दिवस एक खुशी का दिन है,

14 सितंबर को हम सीखते,

हिंदी एक भाषा से बढ़कर है,

यह जीवन का सार है!

-   अनन्य यू.ए.ई. के सितम्बर 2022 अंक में प्रकाशित

कदम बढ़ा के आगे चल

तुषार पिपरे

कदम बढ़ा के आगे चल
तकदीर तेरे साथ है
थक कर रुक जाना नहीं
ये वक्त की पुकार है।

डगमगाए जो कदम तेरे
तो पलभर के लिए बैठ ले
मंजिल तेरे करीब है
तू हौसले को बाँध ले।

राह तेरी काँटों भरी
रुकना नहींहै सोच ले
छाले पड़ेंगे पैरो में
फौलाद का तू रुप ले।

फासले कम हो जाएँगे
सब्र से तू काम ले
हो घनेरी रात तो
बस ईश्वर का नाम ले।
काली रात के बाद
नयी सुबह आएगी

मेहनत तेरी एक दिन
जरुर रंग लाएगी...।

कदम बढ़ाके आगे चल
तकदीर तेरे साथ है
थक कर रुक जाना नहीं
ये वक्त की पुकार है।

- अनन्य यू.ए.ई. के सितम्बर 2022 अंक में प्रकाशित

हृदय में दीप जलाये रखें

शत्रुजीत सिंह

दीप जले, मृदंग बजे
नाचे निमग्न, बजायें साज,
राम-सिया लौटें अयोध्या,
बड़े लंबे वनवास के बाद।

उनके रूप के दर्शनाभिलाषी,
बैठे लिए पुष्प थाल और आस,
प्रभु कभी तो आयें यहाँ,
जहाँ अब तक रहा उनकी छवि का वास।

हम खुश हैं इस जीत पर,
एक पापी दुराचारी का नाश हुआ,
हम उद्विग्न उस रीत पर,
क्यों प्रभु तुम्हें वनवास हुआ।

ये उत्सव, उमंग रुके नहीं,
ये दीप की लौ थके नहीं,
हम जगे ज्यूँ अयोध्या जगी,
ये रात यूहीं कटे नहीं।

रात जाये, उत्सव थम जाये,
अपने हृदय में दीप जलाये रखें,
पाप पुण्य, अच्छाई बुराई का द्वंद्व

जीत - हार, यही संसार,
बस अपना पक्ष बनाये रखें।

- अनन्य यू.ए.ई. के अक्टूबर 2022 अंक में प्रकाशित

प्रवासी नागरिक

वंशिका दिलीप हरवानी

आँखों में है कुछ सपने
साँसों में हरे कुछ अपने
मिल जाये थोड़ी खुशी उन्हें
घर में सबको त्यौहार-सा लगे
बस इस खातिर प्रवासी मैं बन गया।

जाना कहाँ है सपनों की ख़ातिर
यह मुझे पता न था
वक्त ने मजबूर किया
और छोड़ दी अपनी गलियाँ
बस इस खातिर प्रवासी मैं बन गया।

हाथों की लकीरों को देख
रो पड़ा मैं जोर से
जिम्मेदारियों के बोझ ने दूर किया मुझे अपनों से
बस इस खातिर प्रवासी मैं बन गया।

देखता हूँ आसमान को
अपना-सा ना लगे
सब कुछ है यहाँ
पर फिर भी बेगाना-सा लगे
बस इस खातिर प्रवासी मैं बन गया।

जीना इतना आसान नहीं

पर जब आई मैं यू.ए.ई

मानों मन ही संभल गया

सबमें अपनापन- सा लगा

बस इस खातिर प्रवासी मैं बन गया।

बस इस खातिर प्रवासी मैं बन गया।

\- अनन्य यू.ए.ई. के नवम्बर-दिसम्बर 2022 अंक में प्रकाशित

मेरे यू.ए.ई. की संस्कृति

अदिति अरुण

रेगिस्तान और पहाड़ों की मातृभूमि,
उसके साथ एक अद्भुत संस्कृति,
आतिथ्य के मूल्य का महत्त्व है
और हर जगह खजूर के पेड़ हैं।
खजूर के पेड़ यू.ए.ई. की धरती पर
सुंदरता बिखेरे हुए हैं।

यह मेरे यू.ए.ई. की संस्कृति है,
जहाँ लोग ऊँट की सवारी करते है
जहाँ लोग घाफ के पेड़ पर निर्भर है
ओर अरबी चाय के प्याले पीते हैं।

हर जगह में यू.ए.ई. का झंडा ऊँचा रहता है,
और यहाँ की ऊँची-ऊँची इमारतें
अति सुंदर प्रतीत होती है।
इसका रेगिस्तान सुंदर और चौड़ा है
और सड़कों के किनारे पर रंग-बिरंगी पौधे सुंदर लगते हैं।

ये है मेरे यू.ए.ई. की संस्कृति,
यहाँ के नागरिक पहनते हैं-
अबाया और कंदूरा
उनके राष्ट्रीय कपड़े।

यहाँ के लोगों का पसंदीदा खाना-
मंदी और मधबूत की बिरयानी,
मस्त मसालों की ख़ुशबू मन को हर लेती है।

ये हैं मेरे यू.ए.ई. की मातृभूमि,
प्रेम और संस्कृति की अनमोल भूमि।
मान-सम्मान हैं करते सब,
हमें गर्व है इस मातृभूमि पर।

-    अनन्य यू.ए.ई. के नवम्बर-दिसम्बर 2022 अंक में प्रकाशित

यू.ए.ई. की संस्कृति

अनीशा सिंह

संयुक्त अरब अमीरात की समृद्ध संस्कृति है,

संयुक्त अरब अमीरात की समृद्ध परंपरा है।

जिस देश की एक बहुत ही रोचक विरासत है,

वह देश संयुक्त अरब अमीरात है।

अमीराती संस्कृति में विरासत और सांस्कृतिक

विविधता का सम्मान है।

अमीराती संस्कृति में विभिन्न लोगों, विभिन्न राष्ट्रों

और विभिन्न संस्कृतियों का सम्मान है।

इस संस्कृति में भोजन, खेल, कला,

साहित्य, सामाजिक जीवन सब कुछ है।

आइए जानें कि इस संस्कृति में क्या है?

अमीराती संस्कृति में भोजन में ब्रेड, पेनकेक्स,

कॉफी और खजूर शामिल हैं।

अमीराती संस्कृति में कई स्वादिष्ट

खाद्य पदार्थ शामिल हैं।

अमीराती संस्कृति में खेल में बाज़ शामिल हैं।

ऊँट रेसिंग,घुड़दौड़, नाव रेसिंग और तीरंदाजी

भी शामिल है।

क्या कुछ नहीं इस संस्कृति में,

क्या कुछ नहीं इस संस्कृति में।

यह संस्कृति पुरानी नहीं,

सुनहरी है, सुनहरी हैं।

- अनन्य यू.ए.ई. के नवम्बर-दिसम्बर 2022 अंक में प्रकाशित

हमारा प्यारा संयुक्त अरब अमीरात

देवांश मुदगल

झिलमिल करती जहाँ इमारतें,
करें आकाश से बात ।
कितना प्यारा देश हमारा संयुक्त अरब अमीरात ।।

उत्तम तकनीकी की प्रतिस्पर्धा में,
जो लगा रहे दिन रात ।
कितना प्यारा देश हमारा संयुक्त अरब अमीरात ।।

ऊँची इमारत सुंदर मस्जिद,
जैसे हो ख़ुदा की सौगात ।
कितना प्यारा देश हमारा संयुक्त अरब अमीरात ।।

रेगिस्तान में भी हरियाली,
जहाँ दिन जैसी लगे रात ।
कितना प्यारा देश हमारा संयुक्त अरब अमीरात ।।

सभी धर्मों और संस्कृतियों का है,
सुन्दर यहाँ मिलाप ।
कितना प्यारा देश हमारा संयुक्त अरब अमीरात ।।

- अनन्य यू.ए.ई. के नवम्बर-दिसम्बर 2022 अंक में प्रकाशित

एक कदम प्रगति की ओर

कोहना बाविस्कर

इतिहास में लिखी अनेक गाथाएँ,

जिसमें है एक गाथा अमर,

सब उनकी गाथा के गीत गाएँ,

जो चले अपने दम पर।

मचाती कामयाबियों का शोर,

चलते-चलते पहुँच गई,

एक कदम प्रगति की ओर।

ये न किसी के प्रभाव में चले,

बस अपने ही उम्मीद में चले,

रेत के शहर में, ढूँढा तेल का तालाब,

कर दिखलाया ऐसा काम,

कि सबको कहना ही पड़ा वाह! लाजावाब

विभिन्न संस्कृतियों से बाँधे एकता की डोर,

चलते-चलते पहुँच गई,

एक कदम प्रगति की ओर।

आसमान तक गहुँचेंगे,

कहते थे हम सबको,

खड़ी कर दी ऐसी इमारत,

जो सच में छुए आसमान को।

पहचाना नहीं, किसकी कर रहे हैं हम बात,

ये है, संयुक्त अरब अमीरात।

जो कड़ी मेहनत करे रात से भोर,

चलते-चलते पहुँच गई,

एक कदम प्रगति की ओर।

-    अनन्य यू.ए.ई. के नवम्बर-दिसम्बर 2022 अंक में प्रकाशित

ये ही हमारा यू.ए.ई.

तनिश मुरूगन

विभिन्न लोग, विभिन्न विश्वास

एक देश, एक खुशी,

ये ही हमारा यू.ए.ई।

बहुत ऊँचा बुर्ज खलीफ़ा से,

और बहुत छोटी 'धो' तक,

ये ही हमारा यू.ए.ई।

इस देश एक रेगिस्तान था,

लेकिन अब यह एक स्वर्ग है,

ये ही हमारा यू.ए.ई।

स्वादिष्ट लुकईमात, कब्सा और अल हरीस के जन्मभूमि,

और खूबसूरत अबूधाबी तथा अल फ़हीदी, किला मस्जिद के समृद्ध विरासत,

ये ही हमारा यू.ए.ई।

तकनीकी की पिता,

और तैल के ईश्वर,

ये ही हमारा यू.ए.ई।

इस पृथ्वी के मित्र,

और समान कानून के शिक्षक,

ये ही हमारा यू.ए.ई

- अनन्य यू.ए.ई. के नवम्बर-दिसम्बर 2022 अंक में प्रकाशित

रोशनी का त्योहार

मीरा कामाची

रोशनी और पटाखे,

हर जगह जश्न,

एक खूबसूरत माहौल,

ऊर्जा और जोश से भरपूर

प्रियजनों से उपहार और मिठाई,

और उनके प्यार की प्राप्ति,

नीचे मोमबत्तियों की रोशनी,

और ऊपर से चकाचौंध आतिशबाजी।

हमारे घरों में दीप जलाएँ,

हमारे प्रियजनों को उपहार भेजना,

स्वादिष्ट भारतीय मिठाइयों का आनंद लेते हुए,

रंग-बिरंगे कपड़े पहने हुए।

अपनी संस्कृति का उत्सव मनाना,

हमारे दोस्तों और परिवार के साथ,

खूब मस्ती करके,

रौशनी से जगमगाते शहर में।

-   अनन्य यू.ए.ई. के नवम्बर-दिसम्बर 2022 अंक में प्रकाशित

ये कैसा है देश कोई ये बता दे।

धृति सरावगी

शब में भी कोई डर कर नहीं रहता
कोई किसी को न कुछ कड़वा है कहता
जो सुरक्षित है इतना कि डर को भुला दे
ये कैसा है देश कोई ये बता दे।
ये पहला नगर है जो सब कर रहा है,
नई एक डगर की तरफ चल रहा है
इसकी उम्मीद नभ में परिंदा है बनती
इसकी सम्पति भी ऊँची सी परवाज़ भरती
बादलों के बीच इमारतें बनायी,
सूखी धरती में भी हरियाली उगाई,
नामुमकिन को भी मुमकिन ये करके दिखा दे।

ये कैसा है देश कोई ये बता दे।
अँधेरा भगा कर ये ऊँचा खड़ा है,
ये देश अपनी सीमा से काफ़ी बड़ा है
ये शहर हमारा है कितना हसीन
ऐसी जन्नत नहीं और मिलेगी कहीं
लोग मज़हब के नाम पर यहाँ नहीं बँटे हैं
इंसानियत के धर्म से साथ में खड़े हैं
मदद माँगे कोई तो हाथ सब बढ़ा दे,
ये कैसा है देश कोई ये बता दे।

- अनन्य यू.ए.ई. के नवम्बर-दिसम्बर 2022 अंक में प्रकाशित

यू.ए.ई. का राष्ट्रीय पक्षी

माहम खान

यू.ए.ई. में पिछले 4,000 वर्षों से,

कई अनेक पक्षियों में से,

इस धरती के लोगों ने शिकार के लिए

बाज़ को पालना सीखा है।

बाज़ की प्रतिष्ठित स्थिति साहस, सम्मान

और बड़प्पन की भावना से प्राप्त होती हैं,

यह यू.ए.ई. का राष्ट्रीय पक्षी है

और उनकी संस्कृति का प्रतीक है।

जब बाज़ अपने पंख फैलाता है,

कैसे बताऊँ कि यह कितना शानदार दिखता है।

आसमान में एक पतंग के जैसे,

न है कोई अन्य पक्षी ऐसे,

उसकी चोंच तलवार की तरह होती,

और आँखें काँच की तरह चमकती,

कुछ काले, कुछ भूरे,

लेकिन इनको देख सबके रोंगटे हो जाते खड़े,

हवा की तरह तेज हैं,

और गिरते हुए पंख की तरह उनकी उड़ान है,

ये पक्षी ऊपर वाले का एक उपहार है,

याद रखने, मदद करने और सिखाने के लिए इनका सम्मान है।

- अनन्य यू.ए.ई. के नवम्बर-दिसम्बर 2022 अंक में प्रकाशित

संयुक्त अरब अमीरात में है ऐसी बात

ऋषिता गर्ग

7 हैं इसके अमीरात

अजमान, दुबई, शारजाह, आबूधाबी (अल ऐन)

फुजैराह, रस अल खैमाह और उम्म अल क्वैन।

बुर्ज खलीफा है सबसे ऊँची और सुंदर इमारत,

दुबई मॉल की अलग ही है शान और शौकत।

डेजर्ट सफारी का मजा ले लो यहाँ,

शॉपिंग ही शॉपिंग जहाँ देखो वहाँ ।

हर जगह है इतनी रोशनी, सुविधा और सफाई,

यहाँ करते हैं सब एक दूसरे की भलाई।

प्रसिद्ध है यहाँ बकलवा और खजूर,

बिना खाए जाना किसी को नहीं मंज़ूर।

हर कोई यहाँ इतना भरोसेमंद है,

सब कहते हैं कि हमको संयुक्त अरब अमीरात

बहुत पसंद है।"

-   अनन्य यू.ए.ई. के नवम्बर-दिसम्बर 2022 अंक में प्रकाशित

टंक से राजा

नित्या धर्मेश पारेख

बहुत से बड़े-बड़े प्रसिद्ध राज्य,
मिट्टी में मिल चुके हैं।
परन्तु इनके बीच है एक ऐसा राज्य,
जो मिट्टी से निकलकर
पूरे विश्व में प्रसिद्ध हो चुका है।

एक बंजर रेगिस्तान से उठकर,
आज यह देश आसमान स्पर्श कर चुका है।
सात भिन्न राज्यों को एक कर,
आज यह देश एक स्वतंत्र राष्ट्र बन चुका है।

जिस ज़मीन पर दूर-दूर तक दिखते केवल रेत के ढेर,
आज उस ज़मीन पर दुनिया की सबसे बड़ी इमारत है खड़ी।
जिस बंजर भूमि पर कभी कोई कदम न रखता,
आज उस भूमि पर पर्यटकों की नहीं है कोई कमी।

जो सूखी रेत बरसों से थी जल की प्यासी,
आज हुई उसे संतुष्टि की प्राप्ति।
जिस भूमि पर चलती थी केवल ऊँट की सवारी,
आज उस भूमि पर गाड़ियाँ हैं नज़र आती।

जो देश पहले था गरीबी रेखा के नीचे दफना हुआ,
आज तेल की खोज ने चमका दी है उसकी किस्मत।

जिस देश पर अनेक राजा राज कर चुके थे,
आज उस देश पर नज़र उठाने की नहीं करता कोई हिम्मत
संसार की इस दौड़ में,
स्वयं को आत्मनिर्भर साबित करना है कठिन।
हिज हाइनेस शेख ज़ायद ने यू.ए.ई. को एक नई पहचान दी,
कर दिया नामुमकिन काम को मुमकिन।

नमन है इस मिट्टी को,
जिसने जनम दिया एक ऐसे सितारे को।
नमन है राजा शेख ज़ायद को,
जिन्होंने बदल दिया यू.ए.ई. के प्रारब्ध को।

-     अनन्य यू.ए.ई. के नवम्बर-दिसम्बर 2022 अंक में प्रकाशित

हमारा संयुक्त अरब इमारात

दीया दीप जोशी

देश अनेकों इस धरती पर
सुंदर-सुंदर स्थान
सबसे प्यारा सबसे न्यारा
हमारा संयुक्त अरब इमारात।

यह रचनात्मक यह विकसित है
सबको करता आमंत्रित हैं
आओ तो इक बार
हमारा संयुक्त अरब इमारात।

अपनी मेहनत, बुद्धिमता से
रेगिस्तान में फूल खिलाते
आओ इनसे मिलो
कि ये हैं इमारात के लोग।

देश-देश के यहाँ प्रवासी
पाते प्रेम और सम्मान
सबको अपने गले लगाता
हमारा संयुक्त अरब इमारात।

-   अनन्य यू.ए.ई. के नवम्बर-दिसम्बर 2022 अंक में प्रकाशित

वह देश है यू.ए.ई.

आदोर मुखर्जी

जिस देश में मेरी आँख खुली

वह देश है यू.ए.ई.

पहला कदम, पहली हँसी, जिस देश में मैं खेली-कूदी,

वह देश है यू.ए.ई.।

घर, आँगन, स्कूल की स्मृतियाँ, नटखट बचपन, शोख जवानी,

सखी-सहेलियाँ, मौज-मस्ती,

वह देश है यू.ए.ई.।

जहाँ मंदिर-मस्जिद, गिरजा घर-गुरूद्वारे

सब पाते एक समान आदर,

वह देश है यू.ए.ई.।

एक तरफ है बुर्ज की ऊँचाई

तो कहीं अरब महासागर की गहराई

विश्व के 192 राष्ट्रीयताओं में परस्पर प्रेम,

एका - भाईचारा और कहाँ,

बस यू.ए.ई.।

जहाँ न कोई भेद-भाव, अपने-पराए का प्रश्न नहीं

सब को गले लगाया, कोरोना से बचाया,

वह देश है यू.ए.ई.।

विश्वस्तरीय शिक्षा नीति, टैकनोलॉजी, नवाचार, रचनाशैली,

खेल, दर्शन, विज्ञान का बढ़ावा,

वह देश है यू.ए.ई.।

इठलाती मेट्रो, भविष्यवादी संग्रहालय

जहाँ ए.टी.एम से निकले सोना,

जहाँ कोई न भय न रोना-धोना।

हर तरफ अचंभे, तेल के कुएँ उगले सोना

जहाँ समुंदर की ठंडक, सैर-सपाटे, नभ छूती इमारते

जहाँ आधुनिकता और परंपरा चलती एक साथ

जैसे जुड़वा, वह देश है यू.ए.ई.।

जहाँ हज़्ज़ा और मात्रूशी बने देश का गौरव

वह देश है यू.ए.ई.।

महामहीम शेख ज़ायद की रचना जो निरंतर प्रगतिशील,

वह देश है यू.ए.ई.।

जिसकी ममता की छाँव में मैं पली-बढ़ी

मेरी महत्वाकांक्षा ने उड़ान भरी

जिस देश पर है गौरव मुझको, जिस मिट्टी ने सींचा मुझको

उस देश को नमन करूँ फिर-फिर,

वह देश है यू.ए.ई.।

गर भारत है मेरी माता, माँ समान है यू.ए.ई.।

मेरा मूल तो है भारतीय

मगर मेरी पहचान है यू.ए.ई.।।

अनन्य यू.ए.ई. के नवम्बर-दिसम्बर 2022 अंक में प्रकाशित

तुम बनो

अंकुर रांका

क़िस्से कहानियों से तुम निकलो,
ख़ुद अपना एक किरदार बनो
क्या हासिल औरों को जीने से,
मैं चाहता हूँ तुम खुद्दार बनो।

ये जीवन ही स्वयं युद्ध है,
जीती ख़ुद को, वही बुद्ध है
लड़ने अपने हर एक अवगुण से,
मैं चाहता हूँ तुम हथियार बनो।

ना मात- पिता सा सगा कोई है,
सोचे जो हित में, एक वह ही है
हर ख़ुशी, उनके हर एक सुख का,
मैं चाहता हूँ तुम आधार बनो।

अहसान है हम पर इसी वतन का,
बनना ना कारण कभी पतन का
केवल तुम से ही आशा है अब,
मैं चाहता हूँ तुम सरकार बनो।

कुछ विवश, कई दुर्बल होंगे,
कितने जग में निर्बल होंगे
हर पतित, परास्त, पातक का,

मैं चाहता हूँ तुम उद्धार बनो।

करो प्रयत्न, विफल होगा,
हर बार नहीं असफल होगा
बढ़के जीत से, जिसकी जय हो,
मैं चाहता हूँ तुम वह हार बनो।

तुमको कल आगे बढ़ना है,
पढ़ना है, ख़ुद को गढ़ना है
रोशन जिस से हो हर आँगन,
मैं चाहता हूँ तुम वह उजियार बनो।

उपचार बनो, उपकार बनो,
बनो जो भी, ज़िम्मेदार बनो
इतिहास करे आदर जिनका,
मैं चाहता हूँ तुम वह नर-नार बनो।

एक दिन तो सबको मरना है,
जीते जी ही, कुछ करना है
अमर रहें, मरकर जग में,
मैं चाहता हूँ तुम वह विचार बनो।

-    अनन्य यू.ए.ई. के नवम्बर-दिसम्बर 2022 अंक में प्रकाशित

अभिलाषाओं की उड़ान

कमला प्रकाश

अभिलाषाओं के पंख बना
मैं नभ को, हर वक़्त निहारुँ
कभी बादलों में छुप जाऊँ
कभी चाँद बन, मैं भी इठलाऊँ।
कभी 'धरा' की बेचैनी को
थोड़ी सी, शीतल कर पाऊँ।
आशाओं के दीप जला
सबके मन को पुलकित कर जाऊँ।

बहती जाऊँ, मैं संग हवा के
कभी बसंत पतझड़ हो जाऊँ।
प्रभंजन की समर बेला में
ख़ुद को अडिग, वहाँ मैं पाऊँ।
मौसम कितने क्यों न बदले
मैं बन 'ऋतुराज' गगन पर छाऊँ।

सूरज की प्रातः किरणों संग
हो उसकी लाली, मैं भरमाऊँ।
खग- विहग बने, सखा मेरे
प्रातः वंदन उन संग मैं गाऊँ।
पाखी हो मैं भी, उन संग
अभिलाषाओं की उड़ान भर पाऊँ।

-   अनन्य यू.ए.ई. के नवम्बर-दिसम्बर 2022 अंक में प्रकाशित

सहज अभिव्यक्ति

कुलभूषण व्यास

(1)
स्त्री या पुरुष
दुनिया में दो भेद
जीवन एक

(2)
रुतबे बिना
गूंगा बहरा अंधा
सारा संसार

(3)
सजाता रहा
रात दिन सपने
कौन अपने

(4)
भव्य जीवन
साध्य नहीं साधन
जीवन सार

(5)
बापू जयंती
भाषण ही भाषण
सार को छोड़

(6)
दिखते भिन्न
सभी धर्म समान
बापू का मर्म

(7)
जीवन यात्रा
बाहर से भीतर
अन्तस ज्योत

(8)
विश्वास ऊर्जा
अन्तस का है मूल
जाने सो जागे

(9)
लाख छुपाओ
आँखों ने पढ़ लिए
मन के भाव

(10)
 सोए ना रहें
जागें सोचें व करें
सार्थक कर्म

(11)

ज्योत से ज्योत

रात स्याह अँधेरी

पुलकित हो

(12)

उमंग संग

लड़ियाँ व झालर

उल्लास रचे

(13)

खुली हो सोच

हर एक को सुनो

सही को चुनो

(14)

दीवाली रात

बाती दिया रौशनी

अतुलनीय

(15)

कंधे से कंधा

प्रार्थना और कर्म

विजय घोष

-    अनन्य यू.ए.ई. के अक्टूबर 2022 अंक में प्रकाशित

 गीत

भीगा सावन

डॉ. नितीन उपाध्ये

सात रंगों को द्वार पे लेकर आया है भीगा सावन,
बूँदों की पायल को बजा के नाचे है मन छनन-छनन।

जब से कारी-कारी रतिया नैनों में है घुलने लगी,
जान नहींपाया है मनवा, तेरे होठों की ये ठगी,
चुप रह-रहकर, कुछ न कहकर, काहे बढ़ाए दिल की जलन,
सात रंगों को द्वार पे लेकर आया है भीगा सावन।

चमक-चमक के कहीं बिजुरिया दिल मेरा धडकाये रे!
ठंडी-ठंडी चले पवनियाँ, अगन अधिक भडकाये रे!
तन भी सिहरे, मन भी सिहरे, जैसे हो तेरी ही छुअन,
सात रंगों को द्वार पे लेकर आया है भीगा सावन।

मेघराज की धनक तो देखो, देखो उसकी मनमानी,
सात रंगों की चूनर ओढ़े आई है बरखा रानी,
देख रही है पिया साँवरे को करके बाँकी चितवन,
सात रंगों को द्वार पे लेकर आया है भीगा सावन।

- अनन्य यू.ए.ई. के अगस्त 2022 अंक में प्रकाशित

श्रृंगार

अनु बाफना

कजरा-गजरा-कंगना, सजे सतलड़ा हार,
लटकन झुमके कान में, गहनों के अंबार,
रूनझुन पायल पग सजे, रचे महावर हाथ,
मुझे सजा सखियाँ कहें, जा अब पी के द्वार।

और मैं कहूँ-

ओढ़ूँ तेरे नेह को, पहनूँ तेरा प्यार,
तेरी छब के सामने, हर ज़ेवर बेकार,
बस तेरे इक दरस को, तन-मन तरसा जाए,
तू जो देखे प्रेम से, पूरन यह श्रृंगार।

- अनन्य यू.ए.ई. के अगस्त 2022 अंक में प्रकाशित

जनजाति सौंदर्य (चित्र)

जयशंकर टी.एस.

अफ्रीकी जनजाति के सौंदर्य को मैंने इस डिजिटल पेंटिंग में ढालने का प्रयास किया है। इस समूह के द्वारा धारण किए गए सुंदर परिधान इनकी अद्भुत जीवन शैली के परिचायक हैं, जो मेरे लिए चित्रकारी के मूल विषय के रूप में मुख्य आकर्षण बने। अफ्रीका, जिसे विज्ञान ने मानव जीवन की उत्पत्ति के रूप में प्रमाणित किया है, अपनी जैविक विविधता और समृद्ध संस्कृति के कारण मुझे बहुत प्रिय है और मेरे द्वारा बनाए गए चित्रों में बार-बार मुखरित होता है।

इस चित्र पर अनेक रचनाकारों ने कलम चलाई है। शब्बीर मुनव्वर, कौसर भुट्टो, अनु बाफना, अहमद फरीद व डॉ नितीन उपाध्ये उनमें से हैं जिन्होंने इस चित्र का बारीकी से निरीक्षण कर सूक्ष्मताओं को वाणी दी है।

उनमें से कुछ रचनाएँ प्रस्तुत हैं-

शून्य का श्रृंगार

शब्बीर मुनव्वर

चेहरे की लकीरों को ख़ूबी से छिपा दिया,
मुसव्विर ने ये तस्वीर को कितना सजा दिया।
कुछ एहसास अनकहे से दबे इसमें बह गए,
होठो में दबे लफ्ज़ के सैलाब रह गए।
आँखें ना जाने कौन सी दहलीज़ पे रुकी,
उठी भी नहीं और ये पलके नहीं झुकी।
श्रृंगार में दब के रह गई नारी की ख़ुशी है,
भ्रम ये हो रहा है के जीवन में सुखी है।
नज़रें भी नहीं मिलती जोकि रूह को पढ़े,
अंदर के द्वंद्व को कोई लफ़्ज़ों में क्या गढ़े।
तस्वीर है ख़ामोश मगर बोलती भी है,
राज़ कितने मन के हमपे खोलती भी है।
दिखने में सजावट है कोई आदि काल की,
लेकिन कहानी कह रही मौजूदा हाल की।
रंगों में उतर आए है अल्फ़ाज़ बा तरतीब,
जीवन के बहुत लग रही तस्वीर ये करीब।
ख़ामोश रहोगे तो फिर कहलाओगे तस्वीर,
खोलोगे जो जज़्बात लिखी जाएगी तहरीर।

- अनन्य यू.ए.ई. के सितम्बर 2022 अंक में प्रकाशित

आभास

कौसर भुट्टो

मैं धरती,
मैं बादल,
मैं पानी,
मैं आकाश भी।

मैं आज,
मैं ही कल,
मुझ में समाया,
है इतिहास भी।

मैं निडर,
आत्मविश्वासी,
जड़ों से जुड़कर,
पंख फैलाऊँ अपने,
करूँ नए का,
अभ्यास भी।

'जय' के रंगों का,
जश्न भी मुझमें,
मेरी सभ्यता संस्कृति
का निवास भी।

माथे पर बाँधा, साहस को

है चेहरे पर
दृढ़ विश्वास भी।

हौसले का हार
गले में
होठों पर
एक आस भी।

आँखों में समेटे,
भाव कई
है चेहरे पर
उजास भी।

खास सजावट
है पहचान मेरी
मेरे जीवन का
उल्लास भी।

अनकहे रहेंगे
फिर भी भाव कई
तुमको ना होगा
आभास भी।
हिम्मत का ओढ़ूँ,
लिबास भी।

- अनन्य यू.ए.ई. के सितम्बर 2022 अंक में प्रकाशित

'इत्थुम्बू' के रंग

अनु बाफना

तुमने देखा
श्रृंगार मेरा
बाली, लटकन,
गल हार मेरा।

स्वरूप मेरा,
रंग-रूप खरा,
केश गुंथे,
यौवन बिखरा।

मेरे संस्कार हैं
मेरा मान,
संस्कृति की
देती पहचान।

लगती हूँ-
कोमलांगी
गजगामिनी।
पर हूँ- चंचल सौदामिनी।

कबीला मेरा
तीरों का..
महाबली,

शूरवीरों का।

'इत्थुम्बू' के रंगों में
शौर्य पिरोया है।
पराक्रमी तन है,
मैदे का न लोया है।

गौर से देखो-
नयन मेरे
ढृढ़ निश्चय से
कजरारे हैं...
कुंतल पर मैंने
हिम्मत और
साहस के
गहने डारे हैं।

- अनन्य यू.ए.ई. के सितम्बर 2022 अंक में प्रकाशित

तस्वीर के रंग

अहमद फरीद

तेरी तस्वीर के रंग आज और निख़र गए हैं।
लगता है तुमसे मिलने के दिन क़रीब आ गए हैं।

तेरे दामन के लूटे सितारे हो गए हैं।
तेरे ख़्याल अब मेरे आसमाँ हो गए हैं।

तेरा इन्तेज़ार करते हम चिराग़ हो गए हैं।
तेरे आने की ख़बर सुनकर हम कितने रोशन हो गए हैं।

तुझसे मिलकर हम ख़ुद से कितने अज़नबी हो गए हैं।
तेरी बाहें अब हमारे दिन और रात हो गए हैं।

- अनन्य यू.ए.ई. के सितम्बर 2022 अंक में प्रकाशित

सौंदर्य

डॉ. नितीन उपाध्ये

भौंहों की ताने प्रत्यंचा नैनों के बाणों को साधे
भाल के नभ पर चमकते सैकड़ों ही चंद्र आधे।

डोलता कानों में हरदम एक मायावी सा घेरा
झूलता मन होके कैदी बांधके खुशियों का डेरा।

हो के पंक्तिबद्ध निकली केश कुंतल की घटायें
कुछ सुनहरे, कुछ रूपहले है घनेरे इनके साये।

गोदना ठोड़ी का भटके राही को रस्ता दिखाये
लाल मोती चम-चमक के दर्द में जीना सिखाये।

काँच के टुकड़ों की माला हीरे मोती सी लगे है
जिसकी राहों पे निगाहें भाग्य तो उसके जगे है।

इक उफनती सी नदी में आ गया ठहराव कैसे
वन की हिरनी को अचानक प्रेम ने बिंधा हो जैसे।

आत्ममुग्धा षोडशी का रूप यह भी है मनोहर
सत्य है, शिव भी है जो,और जो सबसे है सुंदर।

- अनन्य यू.ए.ई. के सितम्बर 2022 अंक में प्रकाशित

कथात्मक गद्य

गौरव, ममता और बलिदान

जय कृष्ण मिश्रा 'चैतन्य'

अपनी वेदनाओं को संवेदनाओं से जोड़ना कितना मुश्किल है, यह तब पता चला जब मेरे बेटे को शहीद भगत सिंह के सम्मान से नवाजा गया।

सुबह का समय...आज माँ को भी जल्दी से तैयार होना था। स्कूल के रंगमंच पर नाटक का आयोजन था और गौरव को पहली बार अभिनय करते देखना था।

स्कूल में प्रधानाचार्य, शिक्षकगण, तथा गाँव के गणमान्य व्यक्ति भी मौजूद रहेंगे, उनके बीच गौरव का अभिनय होना है, इस बात की बेचैनी इतनी थी कि पूरी रात न जाने

कितनी बार उठी और घड़ी की सुई को देखकर पुन: सुबह होने की प्रतीक्षा में सो गई। लगभग आधी रात जागती रही और आधी रात सोती।

तभी घड़ी में लगे अलार्म ने गौरव को जगाया! मेरे कमरे में दाखिल होते ही धीरे से आवाज लगाई-

"माँ! सुबह हो गयी है।"

"ओह! अच्छा बेटा!"

"मम्मा, सबसे पहले क्या करना है?" एक प्रश्न पूछा उसने।

"बेटा मालूम है आज क्या है? ...15 अगस्त ...स्वतंत्रता दिवस। आज़ादी की वह तारीख जो खून से सनी और रंगी है। कितने बलिदान, त्याग और तपस्या का यह दिन है। आज के दिन हम उन सभी शहीदों के लिए श्रद्धा-सुमन बरसाते हैं जिन्होंने भारत माँ के ऊपर सर्वस्व न्योछावर किया बिना उम्र, जीवन और रिश्ते की परवाह किए। उनको केवल अपने वतन और अपने मिट्टी की परवाह थी!

"माँ क्या आज़ादी इतनी कठिन थी?"

"बेटा कोई अपना सगा किसी अजनबी के साथ मिलकर पैर में बेड़ी डाल दे तो उस बेड़ी को तोड़ना इतना आसान नहीं होता। दो सौ वर्षों की बेड़ियाँ जिसमें जंग लग चुकी थी, काटना आसान नहीं था।"

"जब साँसों पर भी पहरा हो,

रात का तम जब गहरा हो,

लब्ज खुलकर बंद हो जाता हो,

तब जीवन कितना दुर्लभ होता है...

ये सोचकर रूह सिहर उठती है!" "माँ आज मुझे शहीद भगत सिंह का रोल अदा करना है। मैंने अच्छी तरह से अभ्यास कर लिया है। मुझे उम्मीद है कि मैं रंगमंच पर अंग्रेज़ों से अवश्य बदला लूँगा और उसको अपने देश से बाहर फेंक निकलूँगा चाहे इसके लिए मुझे कुछ भी करना पड़े। ...पर एक वादा करो, बोलो करोगी न!"

"हाँ बेटा बोलो, अवश्य करूँगी।"

"मैं अपने सर पर कफ़न बाँध कर दोस्तों के साथ अंग्रेज़ों से लोहा लेने निकलूँगा तो कुछ भी हो सकता है! शायद मुझे अपने प्राणों की बलि भी देनी पड़े! आप बताओ..फिर आप मेरे बलिदान पर रोओगी तो नहीं? आँसू तो नहीं बहाओगी?"

"नहीं बेटा नहीं बिलकुल नहीं! अरे ये तो स्कूल का रंगमंच है। वहाँ तो आप किरदार निभाओगे..मैं तो अपने बेटे के अभिनय पर तालियाँ बजाऊँगी।"

चाहे जीवन का मंच हो या स्कूल का रंगमंच, बेटे के प्राण निकले और माँ न रोए, ऐसा कैसे संभव है?

"चलो जल्दी से तैयार हो जाओ...हाथ में तिरंगा लेना मत भूलना।"

"अच्छा माँ!"

गौरव सातवीं कक्षा का विद्यार्थी था। वह अपनी तैयारी खुद कर सकता था। नहा-धोकर तैयार हुआ। माँ ने लाल टीका लगाया। स्वयं भी तैयार हुई और गौरव के साथ स्कूल पहुँच गई।

प्रांगण में प्रधानाध्यापक द्वारा ध्वजारोहण हो रहा था जिसका समापन राष्ट्रीय गान से हुआ। इसके बाद सबने रंगमंच हॉल में प्रवेश किया। माँ ने अपना स्थान ग्रहण किया और गौरव रंगमंच के पीछे गया।

रंगमंच सज चुका था। पात्र-परिचय शुरू हुआ और गौरव शहीद भगत सिंह के लिबास में मंच पर उपस्थित हुआ। माँ जोर-जोर से तालियाँ बजाती रहीं। इसी बीच अन्य कलाकारों का भी पात्र-परिचय शुरू हुआ। नाटक का पहला, दूसरा, तीसरा, चौथा एवं पाँचवाँ दृश्य समाप्त हुआ। अब बारी अंतिम दृश्य की थी ...जब अदालत, भगत सिंह को सज़ा-ए-मौत सुनाती है।

हॉल में गहरा सन्नाटा और बेहद ख़ामोशी का माहौल था। इसी बीच गौरव के मुँह से आवाज आती है ..

"मोहे रंग दे वसंती चोला ...माई रंग दे वसंती चोला!!"

माँ को अपना वादा याद था, इसीलिए जोर-जोर से तो नहीं लेकिन आँचल के सहारे सिसक-सिसक कर रोना शुरू कर दिया। इसकी आवाज पूरे हॉल में न सही लेकिन कुछ दायरों तक अवश्य सुनाई दे रही थी।

उधर शहीद भगत सिंह को फाँसी की तैयारी शुरू हो गई। आँखों पर पट्टी बाँधे जल्लाद उसे मौत के कुएं के पास लेकर पहुँचा और गले में फंदा डाल दिया। जैसे ही फंदा खींचा गया, ...माँ की जोर-जोर से दहाड़ मार कर रोने की आवाज़ आने लगी। हाय मेरा बेटा! ...मेरा बेटा ... गौरव ... गौरव! तुमने कोई गुनाह नहीं किया। तुम निर्दोष हो। भारत माँ की आज़ादी के लिए ही तुमने ये सब कुछ किया।

“मेरे बेटे के प्राण वापस लाओ ... प्राण वापस लाओ! माँ जोर-जोर से दहाड़ मार कर रोने लगी।

तभी गौरव को स्टेज पर बुलाया गया। सभी अपने स्थान पर खड़े हो गए और गौरव को उसके अद्भुत अभिनय के लिए सर्वश्रेष्ठ अवार्ड से नवाज़ा गया। माँ अब सहज थी और धीरे-धीरे दोनो हाथों से तालियाँ बजाती रहीं। आँखों से अश्रुओं की धारा फिर भी बह रही थी! जबकि पूरा हॉल तालियों की गड़गड़ाहट से गुंजायमान था।

“बेटे की बलि देना इतना आसान नहीं!” बड़े कलेजे वाली वे माँ होगी जो कि अपने बेटे भगत सिंह को फाँसी पर लटकते हुए देखकर भी आह तक नहीं निकाली। श्रद्धा नमन है उनको।

-   अनन्य यू.ए.ई. के अगस्त 2022 अंक में प्रकाशित

रक्षा बंधन

मंजु तिवारी कुमार

लगभग दस साल बाद पहली बार रेवती रक्षा बंधन के त्योहार पर मायके में थी। दो दिन बाद राखी का त्योहार था। पति की नौकरी विदेश में होने और बच्चों के स्कूल होने के कारण सालों से राखी ऑनलाइन ही भेजती आयी थी, जिसमें वह अपनी सारी भावनाएँ पिरो कर भेज देती थी। दो भाइयों की इकलौती बहन होने के कारण बहुत लाड़ली थी।

माँ के गुजरने के बाद मायके आने की बहुत इच्छा भी नहीं होती थी लेकिन पिताजी और बड़ी भाभी अक्सर उसे बुलाते रहते और जब भी उसका आना होता बड़ी भाभी बड़े मान-मनुहार से रखती थी, वहीं छोटी भाभी थोड़ा दूर-दूर रहती थी। उनसे फ़ोन पर भी बातचीत बस हाल चाल तक ही सीमित रहती थी। नौकरी के चलते छोटा भाई दूसरे इलाक़े में रहता था और पिताजी की देखभाल और अन्य ज़िम्मेदारी से भी दूर ही था इसलिए उसका भी घर आना तीज त्योहार पर ही होता।

आज रेवती के आने से वह भी सपरिवार यहाँ आया था, सब रेवती के आने की खुशी में बहुत खुश थे। घर में दिवाली जैसा माहौल था। हर तरफ़ से हंसी ठिठोली की आवाज़ों से आँगन गूँज रहा था। बच्चे अपनी धमाचौकड़ी में मस्त थे। अचानक पिताजी बच्चों की दौड़-भाग के कारण सीढ़ियों से गिर गए। आनन-फ़ानन में उन्हें अस्पताल ले ज़ाया गया जहाँ पता चला कि उनके कूल्हे की हड्डी टूट गयी है, तुरंत आपरेशन करना पड़ेगा।

सबके हाथ पैर फूल गए। डॉक्टर ने आपरेशन के लिए लाखों का बिल हाथ में थमा दिया। भाई भाभी ही नहीं रेवती भी असमंजस में पड़ गई कि अचानक इतने पैसे कैसे जुटाएँ। किसी सरकारी अवकाश के अवसर पर बैंक में छुट्टी थी और अगले दिन रविवार था।

रेवती ने चाहा कि वही पति से पैसे माँगा ले लेकिन अपनी आर्थिक स्थिति से भी वह अवगत थी इसलिए मूक बने रहना ही उसने उचित समझा था। प्राइवेट अस्पताल वाले किसी की कोई मजबूरी सुनने को राज़ी नहीं थे और जल्दी आपरेशन करना भी बेहद ज़रूरी था।

सभी दोस्तों और रिश्तेदारों को पूछ लिया था लेकिन कोई भी इतनी रक़म देने में असमर्थ था। सब लोग परेशान खड़े थे।

ऐसे में छोटी भाभी अस्पताल के काउंटर पर पैसे जमा कराकर रसीद लाकर नर्स को बोली, "आपरेशन के पैसे जमा कर दिए गए हैं आप जल्दी से पिताजी का इलाज शुरू करें।"

सब हैरान होकर छोटी भाभी की ओर देखने लगे कि कैसे और कहाँ से इतनी बड़ी रक़म का इंतज़ाम कर के ले आई। भाभी ने सबकी सवालिया नज़रों की तरफ़ देखते हुए बस इतना ही कहा कि अभी पिताजी का इलाज ज़रूरी था बाक़ी बातें हम घर जाकर कर सकते हैं।देर रात तक पिताजी का आपरेशन हुआ और डॉक्टर ने उन्हें महीने भर बेड रेस्ट की सलाह देते हुए दो दिन बाद घर ले जाने को कहा।

आज रक्षा बंधन था और पिताजी भी अस्पताल से घर आने वाले थे लेकिन घर के माहौल में बड़ी अजीब सी गहमागहमी थी। पिताजी के लिए अब किसी को हर वक्त हाज़िर रहना था। बड़ी भाभी जो अब तक उनके साथ बड़े प्यार से रहती थी इस बात से परेशान थी कि कैसे महीना दो महीना उनकी देखभाल हो पाएगी। उनकी अपनी भी तो ज़िंदगी है। बातों-बातों में कई बार उनके मुँह से निकल गया था कि मैं तो अब बुरी फँसी। कैसे होगी मुझ अकेले से पिताजी की देखभाल। ऐसे में भी छोटी भाभी चुपचाप किचेन के काम में लगी थी, उन्होंने पहले ही पिताजी के इलाज के लिए पैसे देकर सबका मुँह बंद करदिया था बावजूद इसके वे बड़ी भाभी की बड़-बड़ सुन रही थी।

शाम को पिताजी को व्हील चेयर पर बिठाकर घर लाया गया। नीचे के मंदिर वाले कमरे में ही उनके रहने का इंतज़ाम किया गया, जिस से कि पिताजी आते-जाते सबको देख सकें और आवाज़ भी दे सकें।

शाम भाइयों के आने के बाद ही रेवती ने दोनों भाई व भाभी को राखी बाँधने के लिए थाली तैयार की और सबको एक साथ बिठाकर तिलक लगाकर राखी बाँधी।

बड़े भाई ने राखी बाँधने के बाद भावुक हो उसके सर पर हाथ रखते हुए कहा- 'बता तुझे क्या चाहिए, कई साल बाद आज तेरे हाथ से राखी बँध रही है मुझे।' बड़ी भाभी ने थाल में रखी हुई बनारसी साड़ी आगे बढ़ाते हुए कहा- 'ये लो ननद रानी! तुम्हारा राखी गिफ़्ट तुम्हारे भैया तो बस बातों के धनी हैं।' छोटे भाई ने भी एक लिफ़ाफ़ा राखी की थाली में रखते हुए बस यही कहा था अपनी पसंद से कुछ ले लेना।

छोटी भाभी को जैसे ही रेवती ने राखी बाँधी, भाभी ने उसे उठकर गले लगाते हुए कहा- 'जीजी हमारे लिए प्रार्थना करना, सुना है प्रार्थना में बहुत शक्ति होती है।' कहते हुए उनकी आँखें भर आई थीं। रेवती ने भाभी और छोटे भाई को देखा तो लगा वे दोनों उस से कुछ कहना चाह रहे हैं लेकिन कह नहीं पा रहे हैं।

रेवती ने भाई से शिकायत करते हुए कहा- 'मुझे ऐसा क्यों लग रहा है जैसे आप दोनों कुछ छिपा रहे हो?'

"नहीं रेवा!" छोटा भाई और माँ ही उसे रेवा बुलाया करते थे बचपन से, "ऐसा कुछ नहीं है। सब ठीक है।"

लेकिन रेवती को कुछ गड़बड़ लग रही थी। उसने छोटी भाभी का हाथ पकड़ा और अपने कमरे में ले गई।

"भाभी जल्दी बताओ ऐसा क्या है जो तुम दोनों मुझ से छिपा रहे हो।" रेवती ने भाभी का हाथ थामकर हक़ से पूछा।

उसके इस अधिकार भाव को देख छोटी भाभी की रुलाई फूट पड़ी, "जीजी! ये मेरा आखिरी रक्षा बंधन है आप सब के साथ। अगले साल तक क्या पता मैं जियूँ या नहीं?"

"ऐसा क्या हुआ भाभी? जो इतनी अशुभ बातें कर रही हो तुम ..कुछ नहीं होगा तुम्हें!"

"नहीं जीजी! मुझे खून का कैन्सर है। जब तक पता चला है इलाज के लिए बहुत देर हो गई है। डॉक्टर ने कहा है मैं कुछ महीने और जियूँगी। तुम्हारे भाई ने मेरे इलाज के लिए बहुत से पैसे भी इकट्ठे किए लेकिन डॉक्टर ने कहा कि कोई फ़ायदा नहीं होगा। कैन्सर पहले ही फैलना शुरू हो गया है जिसे अब रोका नहीं जा सकता।" ... "इसलिए मैंने वो पैसे पिताजी के आपरेशन में लगा दिए कम से कम पिताजी को

बुढ़ापे में कष्ट न हो।” रेवती छोटी भाभी की बातें सुन सकते में आ गई। उसका मन दुःख और पीड़ा से भर उठा।

“भाभी इतना दर्द कब से अकेली सह रही थी। हम सबको बताया क्यों नहीं? बड़ी भाभी से अक्सर बात करती हूँ मैं। वे तो तुम्हें लेकर कुछ और ही बातें करती रहती थी।” रेवती ने भाभी के दर्द को समझते हुए कहा।

“जीजी! तुमसे एक विनती है, तुम्हारे भैया बहुत टूट गए हैं। किसी से अपनी परेशानी भी नहीं बताते। बस चिंटू को लेकर परेशान रहते हैं। हो सके तो मेरे बाद चिंटू और उनका ख़याल रखना। माँजी कहती थी आपके बहुत क़रीब थे आपके भैया। मेरे बाद जाने कैसे ख़ुद को सम्भालेंगे, यही सोचकर मेरा भी दिल बैठ जाता है।” भाभी ने अपनी आँखें पोछते हुए कहा था।

रेवती समझ नहीं पा रही थी कि कैसे छोटी भाभी को सांत्वना दे और कैसे भाई का सहारा बने। वैसे तो रक्षा बंधन पर हर साल वह यही कामना करती थी कि भाई-भाभी हमेशा ख़ुश रहें सुखी रहें लेकिन आज कैसे कहे अपने भाई से कि भाभी के बिना भी ख़ुश रहना सीखे ..और कैसे कहे भाभी से कि भाभी चिंता मत करो सब ठीक हो जाएगा।

- अनन्य यू.ए.ई. के अगस्त 2022 अंक में प्रकाशित

असुरमर्दिनी

आलोक शर्मा

लड़का कमर्शियल पायलेट का कोर्स खत्म करने वाला है। परिवार की टायरों की बड़ी   एजेंसी है। बड़ी कोठी, नौकर-चाकर सब कुछ है। जोधपुर वाली रमा बुआ ने जोर देते हुए कहा, 'अपनी मृणाल बहुत सुखी रहेगी।' अपने भाई-भाभी की नि:शब्द आँखों के भाव पढ़कर बुआ फिर बोली, "ज्यादा मत सोचो, अच्छे रिश्ते आसानी से नहीं मिलते।"

"ऐसे कैसे जीजी, बड़ा घर है तो शादी-तिलक मे माँगें भी बड़ी ही होंगी। तुमसे तो घर की स्थिति छुपी नहीं है। जबसे मुझे बीमारी ने घेरा है मृणाल और संयम ही किसी तरह पढ़ाई के साथ-साथ घर की सारी जिम्मेदारी सम्भाल रहे हैं।" रमा का भाई राकेश रुंधे गले से बोला।

राकेश! तू चिंता मत कर। वे साधारण घर की पढ़ी-लिखी लड़की चाहते हैं। लेन-देन का कोई चक्कर ही नहीं है, उनके बड़े लड़के के ब्याह में लड़की वालों के यहाँ से धेला भी नहीं आया था। जो तुमसे बन पड़े दे देना। छोटा सा परिवार है, ईन-मीन चार लोग, माँ, दो बेटे और बड़े बेटे की पत्नी।

रमा की भाभी रोहिणी कुछ कहने को हुई मगर रुक गई, रमा के आश्वासनपूर्ण हाथों ने उसे मौन सांत्वना दी, मानो कह रही हो, "तू क्यों चिंता करती है, माँ जगदम्बे सब भला करेंगी।

विधि का विधान था, मृणाल ने अर्थशास्त्र में एम.ए. की परीक्षा अच्छे अंकों से उत्तीर्ण की और तुरंत ही उसका विवाह सम्पन्न हुआ। मृणाल को संपन्न परिवार में ब्याहने में राकेश और रोहिणी ने कोई कोर-कसर न छोड़ी। अपनी क्षमता से अधिक ही खर्च किया था, यहाँ तक कि उन्होंने गाँव की अपनी भूमि भी बेच दी थी। यूँ तो सब ठीक था मगर मृणाल के ससुराल वालों के धनिकोचित हाव-भाव और आचार-व्यवहार से मृणाल के पीहरवाले कुछ संकुचित और असहज महसूस करते थे।

दिन बीते, ऋतुएँ बदलीं। मृणाल के कपड़े और आभूषणों में सतत वृद्धि तो हुई मगर मृणाल कुछ बुझी-बुझी सी लगती। अनेक बार कारण पूछने पर भी "सब ठीक है" कह कर बात घुमा देती और संयम को सदा परिश्रम कर अव्वल आने को प्रोत्साहित करती।

मृणाल की माँ रोहिणी एक कर्मठ एवं खुद्दार महिला थी। वह अपने दोनों बच्चों को बचपन से ही समझाती कि अपनी निजी समस्याओं को दुनिया को बताने से कभी कोई लाभ नहीं होता। दुनिया सहायता तो करती नहीं, मगर उपहास का पात्र जरूर बना देती है। सबको अपनी लड़ाई स्वयं ही लड़नी पडती है। जो निरंतर प्रयास करते हैं वे अंतत: विजयी होते हैं। इसी जीवन-सिद्धांत के चलते रोहिणी ने अपनी आर्थिक विषमता के संबंध में कभी अपने सहोदरों या रिश्तेदारों को भी कभी नहीं बताई थी। उसने अपने बच्चों को सक्षम बनाने की अथक-चेष्टा में सब दुख और पीड़ा भुला दी थी।

शब्द अत्यंत प्रभावशाली होते हैं। शब्द व्यक्ति को बना सकते हैं और मिटा भी सकते हैं। अपनी समस्या को 'किसी' को न कहने की सुलभ सलाह देते हुए रोहिणी ने यह कभी न सोचा होगा कि उनकी अपनी संतान मृणाल उसे जीवन का मूल-मंत्र बना लेगी और अपने 'किसी' के दायरे में मृणाल माँ को भी रख, स्वदुःख वार्ता के सारे द्वार बंद कर लेगी।

मृणाल का ससुराल दिखावटी और दंभी था। बहुओं के सम्मान से इतर तिरस्कार को मनोरंजन का माध्यम माना जाता था। मृणाल को विवाह के प्रथम दो वर्षों में ही पता चल गया था कि ससुराल की सारी जग-मग बनावटी और झूठी है। पूरा परिवार ऋषि चार्वाक के "यावज्जीवेत सुखं जीवेद ऋणं कृत्वा घृतं पिवेत, भस्मीभूतस्य देहस्य पुनरागमनं कुतः॥" के "ऋण लो मगर घी पियो" के सिद्धान्त का पक्षधर था। मृणाल के पति की पायलेट-ट्रेनिंग और उसके बड़े भाई की टायरों की एजेंसी सब झूठ था। व्यापार करने की कौशल-बुद्धि उनमें थी नहीं, और नौकरी करना उनकी झूठी शान में दोयम दर्जे का काम था। मृणाल ने महिला-महाविद्यालय में प्रवक्ता की नौकरी कर ली थी।

समय बीता, संयम पढ़ाई समाप्त कर सिंगापुर चला गया। बैंक में सीनियर मैंनेजर हो गया था। घर के दरस बदले। उसका विवाह सुरुचि से हो गया था जोकि

स्वयं सिंगापुर के नामी बैंक में कार्यरत थी। विवाह के छह महीनो में ही उन्होंने सिंगापुर की मशहूर ऑर्चर्ड रोड पर अपना घर खरीद लिया था और रोहिणी-राकेश भी वहीं साथ रहने लगे थे।

आनंद आंतरिक अनुभूति है। आनंदित होने के लिए बाह्य वस्तुओं का आडम्बर नहीं चाहिए होता। रोहिणी के परिवार में प्रसन्नता अभावों के दिनों में भी कम न थी और आज सांसारिक सुख-सुविधाओं में भी अक्षुण्ण है। समता का भाव बिरले ही रख पाते हैं। रोहिणी, देवी माँ का धन्यवाद देते-देते न थकती थी। देवी माँ की कृपा से उसकी तपस्या रंग लाई। संयम उच्चपद पर पहुँचकर भी विनीत और आज्ञाकारी था। अभावों से सिंचित रिश्तों में अनूठी दृढता होती है।

भारत यात्रा से पूर्व रोहिणी कभी स्वयं के लिए कुछ न खरीदती थी। उसका पूरा ध्यान इस बात पर होता कि बेटी मृणाल और ननद रमा के लिए क्या-क्या ले जाए। रोहिणी का विश्वास था कि बहन-बेटियों की खुशी से भाई-पिता का भाग्य बँधा होता है। सुरुचि भी रोहिणी के विचारों से अत्यधिक प्रभावित थी। रोहिणी मृणाल और रमा के लिए एक वस्तु खरीदती तो वह दो दिलवाती।

पूरे परिवार को मलाल था कि मृणाल के ससुरालवाले मृणाल को कभी सिंगापुर नहीं आने देते थे। सुरुचि अपने बैंक के काम से जब भी भारत जाती तो मृणाल से अवश्य मिल कर आती।

रोहिणी, राकेश और सुरुचि कुछ दिन छुट्टियाँ मनाने भारत गए हुए थे। संयम अकेला था अत: रात का खाना वह अपने एक मित्र के यहाँ से खाकर लौटा था। आते-आते 12.30 बज गए थे। सोने को लेटा ही था कि उसका फोन चिंघाड़ा ... उनींदी आँखों से उठा और फोन सुना तो कुछ समय तक मूर्तिवत-अचल खड़ा रहा। उसे अपने कानों पर विश्वास नहीं हुआ। कहीं वह दुस्वप्न तो नहीं देख रहा था। "मृणाल के पति चिराग का जयपुर से दिल्ली जाते समय कार दुर्घटना में निधन हो गया था।" होश आते ही बिना विलंब किए जयपुर के लिए रवाना हो गया। सारे रीति-रिवाज समाप्त करके चालीस दिनों बाद सुरुचि और माता-पिता के साथ सिंगापुर लौटा।

मृणाल की सास शुरु में मृणाल को पीहर भेजने में आनाकानी करती थी, भेजती भी तो किसी न किसी को साथ कर देती और कुछ घण्टों में वापस बुला लेती।

बहुएँ उसके लिए नौकरानी की तरह थी। नौकरानियाँ तो फिर एक दो दिन की छुट्टियाँ मार लेती हैं मगर मृणाल को वह सुख भी न था।

इस बार 40 दिनों की मातमपुरसी पर जब सुरुचि जयपुर गई थी तब सुरुचि अड़ गई और मृणाल को कुछ दिनों के लिए पिंजड़े से दूर सिंगापुर ले आई थी। यहाँ सुरुचि उसे एक पल के लिए भी अकेला न छोडती। दोनों में अच्छी दोस्ती हो गई थी। चिराग के जाने के दुख के बावजूद सिंगापुर में ससुराल की घुटन से आजादी पाकर मृणाल पुन: कुछ मुस्कुराना सीख रही थी।

तूफान से पहले का सन्नाटा बहुत गहन होता है। एक दिन बातों-बातों में संयम ने कहा, "दीदी! यहाँ फ्लैट में रहने में असुविधा तो नहीं होती? आपको तो बड़े लान वाले बंगले में रहने की आदत हो गई होगी। अपनी माँ के सिद्धांत को तिलांजलि देकर वर्षों बाद मृणाल पहली बार खुलकर बोली "दूर के ढोल सुहावने होते हैं, संयम। दिखावटी चमक-दमक में कुछ नहीं रखा। चिराग के घरवाले सपनों की झूठी दुनिया में जीते हैं। चिराग के पिता के स्वर्गवास से पहले उनके पास ठीक-ठाक धन-दौलत थी। मगर आज उनके नाकारा बेटों और दम्भी पत्नी ने करोड़ों का कर्जा चढ़ा रखा है। पाई-पाई गिरवी है। मेरी शादी का जो जेवर माँ-पिता ने गाँव की जमीन बेचकर दिया था, शादी के पहले साल के बाद मैंने उनको कभी नहीं देखा। मेरी हैसियत भी उस घर में एक बँधुआ मजदूर से अधिक नहीं है। सारा दिन घर का या कालेज का काम और वेतन पहली तारीख को चिराग की माँ के हाथ में। स्कूटी के पेट्रोल के लिए भी मुझे गिड़गिड़ाना पड़ता है। अच्छा हुआ सुरुचि मुझे जबरदस्ती यहाँ ले आई अन्यथा चिराग से पहले तेरी यह अभागी बहन मर जाती।

मृणाल बोले जा रही थी और पूरा परिवार हतप्रभ, सजल नेत्रों से मृणाल को एकटक देखता रहा। किसी को अंदाजा नहीं था कि मृणाल इतने बरसों से अंदर ही अंदर घुट रही थी, इतनी तड़प रही थी। सुरुचि उठी और मृणाल से लिपट गई।

मृणाल फिर बोली, "यहाँ आकर महसूस हुआ परिवार क्या होता है, सुख से रहना क्या होता है। कोल्हू के बैल सी मैं अपनी पहचान, अपना वजूद भूल चुकी थी। अगर यहाँ न आती तो उस दुश्चक्र से कभी न निकल पाती।

तुम्हें जानकर आश्चर्य होगा चिराग के जाने के 12-15 दिनों के बाद जब सारे रिश्तेदार छँटने लगे थे चिराग के बड़े भाई और माँ ने चिराग के इन्श्योरेंस कम्पनी से

आए सारे पैसे मुझसे हस्ताक्षर करवाकर अपने नाम कर लिए। हद तो तब हुई जब उन्होंने मुझे उन कागजों पर हस्ताक्षर करने को कहा जिसमें लिखा था कि अब तक का सारा पारिवारिक कर्ज चिराग ने लिया था अत: सारा कर्ज चुकाने की जिम्मेदार एकमात्र मैं होऊँगी। यह पहली बार हुआ कि स्थिति की गम्भीरता को समझते हुए मैंने उन्हें स्पष्ट रूप से इंकार कर दिया। अब क्या था मेरे एक इंकार ने चिराग की माँ के तेवर ही बदल दिए। खाना-पीना, उठना-बैठना सब हराम कर दिया था। कालेज में जरा-सी देर क्या हो जाती तो बुरे-बुरे ताने देती- "एक खसम को खोकर 100-100 खसम कर लिए होंगे, करमजली ने, तभी घर लौटने का जी नहीं करता"। दहाड़े मार कर जोर से रोने लगी थी मृणाल...

संयम अवाक था, दीदी के ससुराल का क्या चित्र बना रखा था उसने और आज कितना इतर और विस्फोटक उद्घाटन हुआ है। एक लम्बे मौन के बाद संयम बोला, "दीदी! आप इतना सब सह रही थीं, कभी हमें बताया क्यों नहीं?" मृणाल ने अपनी माँ की ओर देखा... मानो कह रही हो, "आपकी ही बेटी हूँ माँ। आपके सिद्धांतों को अक्षरश: जिया है मैंने।

सुरुचि घर में सब से छोटी थी मगर अपने मन में एक बड़ा निर्णय

कर चुकी थी, दीदी अब कभी उस नर्क में वापस नहीं जाएँगी।

समय बीता मृणाल को सिंगापुर विश्वविद्याल में अर्थशास्त्र-प्रवक्ता के पद पर नियुक्ति मिल गई। वेतन भी वजनी था। थोड़े समय में ही उसने काफ़ी पैसे जमा कर लिए थे। बहुत समझाने पर भी मृणाल पुनर्विवाह के लिए राजी न हुई।

जीवन ने गति पकड़ी, कई वर्षों बाद मृणाल की ससुराल से किसी रिश्तेदार ने फोन पर सूचित किया कि उसकी सास की तबीयत अत्यंत गम्भीर है। सबके बार-बार मना करने पर भी चिराग के साथ बिताई कुछ मधुर-स्मृतियों के कारण वह एक विचित्र कर्तव्य-बोध से भर गई। तुरंत जयपुर के लिए रवाना हुई। वहाँ पूरे परिवार की दुर्दशा का ब्यौरा पा सिहर गई। मकान और सारी सम्पति कुर्क हो चुकी थी। जेठ-जेठानी कर्जा न चुकाने के कारण कारावास में थे और सास वृद्धाश्रम में गम्भीर बीमारी से ग्रसित थी। सास के स्वास्थ्य के कारण सिंगापुर जाना सम्भव नहीं था अत: बिना किसी संकोच के मृणाल ने अपनी नौकरी से इस्तीफ़ा दे दिया और जयपुर मे छोटा-सा मकान किराए पर लेकर अपनी बीमार सास की सेवा में लग गई।

सुरुचि जब नवरात्रि पर जयपुर गई तो मृणाल की सास को स्वस्थ देखकर बोली, "दीदी आप अलग ही मिट्टी की बनी हो। इन जैसी दुष्टा के लिए सब छोड़कर, खुद को सेवा में झोंक दिया। मैं होती तो... आगे सुरुचि कुछ बोल पाती उससे पहले मृणाल ने उसके अधरों पर अपनी हथेली रख दी और बोली, "व्यक्ति कोई बुरा नहीं होता, उसके गुण-अवगुणों का असंतुलन ही उसे मानव या असुर की श्रेणी में ला देता है।"

संध्या का समय था। मंदिर से घण्टों के ध्वनि के साथ नवरात्र की प्रमुख देवी असुरमर्दनी की मंगल आरती प्रारंभ हुई थी। सास के असुर रूपी अवगुणों का अपने सेवा-कर्म से मर्दन करने वाली मृणाल, सुरुचि को साक्षात देवी असुरमर्दिनी प्रतीत हुई। मन ही मन प्रणाम करते हुए वह मृणाल की ओर दौड़ी और उसे गले से लगा लिया। सुरुचि अनुभव कर रही थी कि उसे दो हाथों वाली मृणाल ने नहीं अष्टभुजाधारी असुरमर्दिनी ने ही अपने अंक में समेट लिया हो।

- अनन्य यू.ए.ई. के अक्टूबर 2022 अंक में प्रकाशित

नवभारत की अंगड़ाई

आशिका सिंह

आशिका और आमना का जन्म आस-पास ही हुआ था, और किस्मत से दोनों आस-पास ही रहते थे। हमउम्र होने के साथ दोनों हममिजाज़ भी थे। साथ पढ़ना, खेलना, स्कूल साथ जाना उनके जीवन का हिस्सा बन गया था। आशिका थोड़ा पढ़ाई में कमजोर थी पर खेल और नयी-नयी चीज़ें बनाने में वह अद्वितीय थी। उसका दिमाग हमेशा खुराफाती चीज़ें बनाने में लगा रहता, जिससे माँ बहुत परेशान रहती पर आमना की माँ ने हमेशा आशिका में कुछ कर गुजरने की ललक और चाह देखी। उन्होंने उसे हमेशा प्रोत्साहित किया नयी-नयी चीज़ें बनाने में और आशिका की माँ ने हमेशा आमना को प्रोत्साहित किया,उसकी पढ़ाई में। वे उन दोनों को पढ़ाती थी और खास ध्यान आमना पर ही रहता। दोनों की दोस्ती गहराती गयी और स्कूल में एक मिसाल बनती गयी।

दोनों एक साथ पढ़ती गयीं और बढ़ती गयीं। बड़ी होने पर आशिका पढ़ने विदेश चली गयी और आमना ने अपनी पढ़ाई भारत में ही जारी रखी। आशिका को अमेरिका में एक सॉफ्टवेयर कंपनी में एक अच्छी नौकरी मिल गयी और उसका परिवार बहुत खुश था। आशिका पिछले पाँच वर्षों से अमेरिका में काम कर रही थी और पाँच वर्षों बाद वह भारत अपनी सालाना छुट्टी पर भारत आयी। पुराने दोस्तों और रिश्तेदारों ने उसकी खूब खातिरदारी की, उसने यह भी महसूस किया कि ये भारत वह पुराना भारत नहीं रहा जिसे वह छोड़ गयी थी। जिस दिल्ली एयरपोर्ट से वह गयी थी, अब वह एक आलिशान एयरपोर्ट में तब्दील हो गया था जो अमेरिका और बाकी यूरोपीय देशों को टक्कर दे सकता था, वहाँ की सुविधाएँ अंतर्राष्ट्रीय हो चलीं थी। दिल्ली से लखनऊ का उसका सफर तो मानो सोने पे सुहागा हो चला था, दिल्ली अब वह पुरानी दिल्ली नहीं रही और देश भी वह देश न रहा। वह सड़कों का जाल वह अंतर्राष्ट्रीय स्तर के ओवरब्रिज और

और वह हाईवे के किनारे की सुविधाएँ उसे तो ऐसा लगाने लगा जैसे वह अमेरिका में ही है, या शायद कहीं उससे बेहतर !

उसकी आमना से मुलाक़ात भी कोई दिवास्वप्न की ही तरह थी। आमना पहले तो कई दिन उससे मिल ही न सकी, क्योंकि अब वह एक व्यवसायी बन गयी थी जो एक ऑनलाइन शिक्षा प्लेटफार्म चलती थी, मिलने पर पता चला कि उसकी कंपनी तो एक यूनिकॉर्न कंपनी है। जहाँ वह अमेरिका में एक यूनिकॉर्न में काम कर रही थी वहीं उसकी दोस्त आमना एक यूनिकॉर्न की मालकिन थी और उसे यह जान कर जोर का झटका लगा जब उसे पता लगा कि भारत दुनिया में यूनिकॉर्न लिस्ट में तीसरे नंबर पर है और उसके 70 % यूनिकॉर्न पिछले एक साल में बने।

उसके कुछ पुराने दोस्त अब रक्षा अनुसंधान और विकास संगठन के लिए काम कर रहे थे और उनसे मिल के उसे पता चला कि भारत अब प्रौद्योगिकी, हथियार और अनुसन्धान में सिर्फ आत्मनिर्भर ही नहीं हो रहा बल्कि अब वह दूसरे देशों की इन क्षेत्रों में मदद करने लगा है और अब उसकी टक्कर सीधे अमेरिका और चीन से है। यह वह अब सपेरों वाला भारत नहीं रहा जिसकी पश्चिमी देश हँसी उड़ाया करते थे अब तो वह भारत है जो अंतर्राष्ट्रीय स्तर पर दूसरों की बढ़-चढ़ कर मदद कर रहा है और दुनिया का पेट भरने की हैसियत रखता है। वह आश्चर्यचकित रह गयी कि दुनिया अब भारत की तरफ देखता है।

उसे यह एहसास होने लगा कि उसका भारत तो प्रगतिशीलता के पथ पर अंधाधुंध दौड़ने लगा है, जय जवान, जय किसान, जय विज्ञान और जय विद्वान् का नारा अब देश की रगों में बहने लगा है। उसका दिल अब अंदर ही अंदर कुछ खोज रहा था, वह सफल और कामयाब तो थी, पर दिली ख़ुशी वह नहीं थी जिसे वह तलाश रही थी। आमना के साथ बिताये पल उसे यह एहसास करने लगे थे कि अब उसे सफलता की उड़ान भरने के लिए विदेशों का रुख करने की ज़रूरतनहीं है, उसके अपने देश में ही वह सारी सुविधायें और अवसर उपलब्ध हैं जिससे कोई अपने सपनों की उड़ान भर सकता है।

आशिका इस भारत से पहली बार रूबरू हो रही थी जिसमें जहाँ शिक्षा, साक्षरता,स्वच्छता को नयी उड़ान मिल रही थी वहीं कुरीतियों और महँगाई को अंकुश में रखा जा रहा है। और उसको इस सपनों के अपने भारत से इश्क़ होने लगा था। और वह अब अपनी जन्मभूमि को अपनी कर्मभूमि बनाने का ठान चुकी थी।

उसने अपने माता पिता के सामने यह बात रखी कि वह अब अमेरिका नहीं जाना चाहती और यहीं अपनी मातभूमि पर ही अपने देश और देशवासियों के लिएकुछ करना चाहती है। माँ और पिता में थोड़ी मायूसी तो ज़रूर थी कि बेटी एककामयाब ज़िन्दगी छोड़ एक अलग रास्ता चुनने जा रही है पर ख़ुशी ज़्यादा थी कि अब उनकी बेटी सात समुन्दर पार जाने के बजाये उनके साथ ही रहेगी। उसके अमेरिका के दोस्तों ने भी उसे समझाया कि वह एक गलत रास्ता चुन रही है, पर उसे अब यह समझ आने लगा था एक यही उसके सपनों का भारत हैऔर वह इस भारत की उड़ान में अपनी भागीदारी देना चाहती थी।

काबलियत और हुनर उसमें पहले से ही था, अनुभव उसे अमेरिका में मिल गया था और विश्वास उसमें उसके देश को देख कर आ गया था। उसने रोबोटिक्स और आर्टिफिशियल इंटेलिजेंस में काम करना शुरू किया, उसने कोडिंग और रोबोटिक्स से एक यन्त्र बनाया जिससे फेफड़ों का कैंसर प्राथमिक स्तर पर ही पहचाना जा सकता था।

उसका यह यन्त्र चिकित्सा जगत में एक क्रांति साबित हुआ और न सिर्फ भारत सरकार अपितु पूरी दुनिया में उसे ढेरों खिताबों से नवाज़ा गया। उसने भारत को नयी पहचान दी और पूरे विश्व को यह मजबूर कर दिया कि वह भारत को विश्वगुरु माने।

डोनेशन

मीरा ठाकुर

घर में घुसते ही अरविंद का आलाप पुन: शुरू हो गया। अरविंद सीमा के घर में उसके काम काज में सहायता करता है साथ ही उसका मुँहलगा भी है। सबके घर की बातें करना उसकी आदत है। सीमा इसे चाहे या न चाहे सुनना ही पड़ता है। जब से उसे एक नया काम मिला है, वह वहाँ के गुण गाता ही रहता है। उस मैडम के घर में यह है, उसके घर आज अमुक चीज आई इत्यादि।

"मैडम आप को मालूम है! वो 'सफ़ा' टावर वाली मैडम बहुत अच्छी है। कितने लोगों को ट्यूशन पढ़ाती है। बहुत पैसा कमाता है वो मैडम (उसकी हिन्दी ऐसी ही है)। उसके घर में एक-एक लोकल (अरबी) बच्चा आता है, उनके घर और वो मैडम को एक घंटे का 200-200 दिरहम दे कर जाता है।"

यह तकरीबन रोज का काम हो गया। उसके रोज-रोज के इस प्रशंसालाप के लिए सीमा पक-सी जाती। बस रोज इधर–उधर की बातें अरविंद करता। उस समय उसकी आँखों में बड़ी हसरतें दिखाई देती। सीमा थोड़ी देर के लिए खुद को बौना महसूस करने लगती।

समय बीतता गया, अरविंद की बातें भी चलती रहीं। घर में प्रवेश करते ही वह टावर वाली मैडम का गुणगान करने लगता। यह अब रोज की बात हो गयी थी। सीमा भी अब उसकी बातों से परिचित- सी हो गई थी। उसे भी अरविंद की बातों में अब कुछ-कुछ रस आने लगा था। कभी कभार उसे स्वयं छेड़ देती कि आज क्या हुआ।

"मैडम, मेरे गाँव में बाढ़ आई है। मेरे पिताजी बाढ़ राहत के लिए काम कर रहे हैं। आप कुछ डोनेशन देगा क्या।" एक दिन अरविंद ने कहा।

"क्यों नहीं! जरूर।" सीमा ने कहा।

उस दिन उसके जाते समय सीमा ने 50 दिरहम (करीब 1000 भारतीय रुपए) उसे पकड़ाए तो उसके चेहरे के भाव से ऐसा लगा कि वह खुश नहीं है। पैसे लेकर वह बताने लगा वो टावर वाली मैडम भी डोनेशन देगी। उसके स्वर में उत्साह का भाव था। उसे सफ़ा टावर वाली मैडम से बहुत आशा थी। उसका उत्साह देखकर सीमा को थोड़ी हीनता का अहसास हुआ। अगले दिन जैसे ही अरविंद घर में घुसा। वह बहुत ही गुस्से में था। बाद में पता लगा कि आज सफ़ा टावर वाली मैडम ने उसे डोनेशन के पैसे दिए थे, उसी को लेकर वह काफी गुस्से में था। वह बड़बड़ा रहा था कि बड़ा लोगों का दिल नहीं होता है।

वे बड़े कंजूस होते हैं, निर्दयी होते हैं। उन्हें दयाधर्म और समाज की कोई चिंता नहीं होती। काफ़ी समय बाद पता चला कि टावर वाली मैडम ने उसे भारतीय मुद्रा में 25 रुपए डोनेशन में दिए थे।

- अनन्य यू.ए.ई. के सितम्बर 2022 अंक में प्रकाशित

73

कथेतर गद्य

संस्मरण

कोजागरी पोर्णिमा (शरद पूर्णिमा)

डॉ. सीमा पावगी उपाध्ये

इस वर्ष शरद पूर्णिमा ९ अक्टूबर को हुई है। शरद पूर्णिमा को कोजागरी पूर्णिमा, नवान्न पूर्णिमा या रास पूर्णिमा भी कहा जाता है। इस दिन धन धान्य की माता महालक्ष्मी और इंद्र देवता की पूजा की जाती है। कोजागरी, जिसे कई बार हम महाराष्ट्रियन लोग सिर्फ कोजागिरी भी कहते हैं, अश्विन माह की पूर्णिमा को मनाई जाती है। मान्यता है कि इस रात को देवी लक्ष्मी 'को जागर्ति' यानी 'कौन जाग रहा है?, ऐसे पूछते हुए आपके घर आती है, जो जाग रहा होता है, उस पर माँ लक्ष्मी की कृपा होती है और जो सो रहा होता है वह माता की कृपा से वंचित रह जाता है और उसे दीवाली की रात या अगले वर्ष की प्रतीक्षा करनी होगी। ज्योतिष शास्त्र के अनुसार चंद्रमा सोलह कलाओं से परिपूर्ण संपूर्ण वर्ष में इसी रात्रि को होता है। अब जब बात सोलह कलाओं की चल पड़ी है तो सभी कलाओं से पूर्ण रासरचैया श्रीकृष्ण का उल्लेख न हो ऐसे कैसे हो सकता है? इसी रात को श्रीकृष्ण गोप–गोपियों के साथ ने महारास रचाया था और आज भी बृजमंडल के लोग मानते हैं कि इस रात को महारास होता है और इसीलिए इसे कौमुदी व्रत भी कहते हैं। ऐसा माना जाता है कि शशि इस रात्रि अपनी किरणों के द्वारा धरती पर अमृत की वर्षा करता है और जिसने भी शरद पूर्णिमा की रात में चंद्रमा की किरणों का पान किया है वह इस बात से अवश्य सहमत होगा। उत्तर भारत के अधिकतर हिस्सों में इस रात दूध को गाढ़ा उबालकर और खीर बनाकर रात को चाँदनी में रखकर उसका पान किया जाता है।

मेरा जन्म कानपुर में हुआ और मैं कानपुर-लखनऊ में पली बढ़ी हूँ। पर जैसे अधिकतर लोग समझते हैं कि उत्तर भारत में महाराष्ट्रियन लोगों की उपस्थिति

नगण्य है, और वहाँ रहने वाले मराठी लोग अपने रीति-रिवाज़ नहीं जानते, पर ऐसा नहीं है। उत्तर भारत के हर शहर में महाराष्ट्र मंडल हैं जहाँ हम लोग महाराष्ट्र के सभी उत्सव मिल-जुल कर मनाते थे। बनारस, बिठूर, झाँसी यह सब किसी जमाने में मराठा साम्राज्य के भीतर था। नाना साहेब पेशवा, तात्या टोपे और लक्ष्मी बाई और उनके साथ उनके सभी सरदारों द्वारा सभी त्योहार धूमधाम से मनाये जाते थे और यही परम्परा आज भी वहाँ के लोग मनाते आ रहे हैं।

फिर मेरी शादी इंदौर में हुई, जहाँ पर छत्रपति महाराज के सरदार होल्कर का शासन था जिसकी देवी अहिल्या बाई होल्कर का नाम पूरी दुनिया में फैला हुआ है। इंदौर, उज्जैन, देवास और मालवा प्रान्त में सभी जगह महाराष्ट्रियन लोगों का अच्छा खासा बड़ा समाज है। इंदौर में मनाये जाने वाले त्योहारों पर मराठी परम्पराओं का असर साफ़ देखा जा सकता है।

ससुराल आने के बाद हर वर्ष कोजागरी कार्यक्रम की व्यवस्था दो-तीन दिन पहले ही प्रारंभ हो जाया करती थी। मेरी सासु माँ हमारे दूध वाले भैया को ज्यादा दूध देने के लिए पहले से ही कह देती थी क्योंकि उस दिन किसी भी दूध वाले के पास ज्यादा दूध नहीं मिलता था। फिर एक बड़ा-सा पतीला लेकर उसमें नीचे गीली मिट्टी लगाकर दोपहर से ही दूध औटाने के लिए गैस पर चढ़ा दिया जाता था और फिर बारी -बारी से सबको कड़छुल पकड़ कर उबलते दूध को हिलाते रहने पड़ता था। डर रहता कि कहीं दूध तले में न लग जाए, नहीं तो उसके जलने की गंध सारे दूध में आती रहती थी।

मैं एक बात विशेष रूप से इस त्योहार के बारे में बताना चाहती हूँ कि इस त्योहार में लड़का या लड़की में कोई भी भेद नहीं किया जाता है। भारत में आज कल इस बात पर बड़ी चर्चा होती हैं कि सभी त्योहार औरतों द्वारा पुरुषों की लंबी उम्र और खुशहाली को माँगने के ही लिए बनाये गए हैं। ऐसा कोई भी त्योहार नहीं है जिसमें उन्हें भी समान अधिकार मिलते हों। हमारे यहाँ घर के सबसे पहले जन्म लेने वाले का

इस दिन टीका करके उसका 'ओवाळा'(आरती) किया जाता है, घर के बड़े बेटे या बेटी को एक पटिये पर बैठा कर उसके आगे रंगोली बनाई जाती है और घी का दिया जलाकर कुंकुम रोली का तिलक लगाकर उनकी आरती उतारी जाती है। फिर सोने की अँगूठी या पूजा की सुपारी से उसका औक्षण किया जाता है, औक्षण करते समय अँगूठी को बच्चे के सर पर से क्लॉक वाइज या एंटीक्लॉक वाइज कैसे घुमाना चाहिए, इस बात पर हमेशा गलती हो जाती थी जिसे घर की दादी या नानी के द्वारा ही ठीक किया जाता है। मुझे याद है कई बार मेरी माँ अपनी उँगली से सोने की अँगूठी नहीं निकलती थी तब वह मेरे पिता जी से माँगा करती थीं जिसे मेरे पिता जी कहीं रखकर भूल चुके होते थे। उस समय दोनों की जुगलबंदी देखने योग्य होती थी। ऐसे समय में दादी या नानी अपनी अँगूठी देकर उस बहस को समाप्त करवाती थीं।

मुझे याद है एक बार जब हम कोजागरी पर लखनऊ में मेरे मायके गए थे तब उस दिन मेरे पिताजी, मेरा भाई सुनील, उसका बेटा संकल्प, मेरी भाभी, मेरे पति नितीन और मेरा बेटा अपूर्व सब इकट्ठे हुए थे। मेरे पति अपने भाई बहनों में सबसे बड़े थे तो इन सबको एक साथ बिठाकर मैंने और मेरी माँ ने औक्षण किया। आज मेरे और नितीन दोनों के माता-पिता हमारे साथ नहीं हैं पर 'कोजागिरी' पर बनने वाले दूध और रात को औक्षण की स्मृतियाँ मेरे मन में आज भी वैसे ही सजीव है। मेरी नानी कहती थी कि जो आज चन्द्रमा की रोशनी में सुई में धागा पिरो लेगा उसकी आँखें बहुत अच्छी हैं। तो हम बच्चे मिलकर छत पर जाकर सुई में धागा पिरोने लगते थे। वैसे मेरी एक इच्छा रही है कि शरद पूर्णिमा की रात को जाकर ताज़महल देखा जाये। शरद पूनम की चाँदनी में ताज़महल की सुंदरता में सच में चार चाँद लग जाते हैं और उसे देखने वाला सम्मोहन में बँध जाता है।

जब हम गाज़ियाबाद गए तब वहाँ भी महाराष्ट्रियन परिवारों द्वारा सामूहिक कोजागरी पूर्णिमा का उत्सव आयोजित किया जाता था। हम सब चन्दा इकट्ठा कर के शाम को किसी एक की छत पर जमा होते थे और फिर गीत-संगीत की बैठक हुआ करती थी। एक बार नितीन का एकल काव्य पाठ भी हुआ था। जब हम मुंबई में थे तब मैंने एक ऐसी ही शाम को चन्द्रमा और रात पर आधारित हिंदी, मराठी में फ़िल्मी और गैर-फ़िल्मी गीत गाये थे।

पिछले आठ वर्षों से जब से हम दुबई आ गए हैं। मुझे यहाँ इस त्योहार की बहुत याद आती है। दुबई में भी महाराष्ट्र मंडल है और जो कई बार इस दिन भी कोई कार्यक्रम जरूर आयोजित करते हैं। 2020 के बाद इन दो वर्षों में सामूहिक कार्यक्रम नहीं हो पा रहे थे अत: हम सब कोजागरी वाली रात को बहुत ही उदास हो जाया करते थे, पर अब आशा है कि उत्साह और उमंगों का वही समय हम सब के जीवन में अवश्य आएगा। यहाँ हम दूध उबालकर उसमें केसर और चिरौंजी मिलाकर अपनी बालकनी में रख देते हैं और रात को जब बड़ा-सा पीला-पीला चाँद उदित होता है जो तेज़ी से सफ़ेद रंग में बदलकर अपनी चाँदनी सभी तरफ फैलाकर उसके जादू से हम सबको सम्मोहित कर लेता है। मैं अपने बेटे का वीडियो कॉल पर ही औक्षण कर देती हूँ परंतु जैसे दूध की प्यास छाछ पीने से नहीं बुझती वैसे ही सामने बैठाकर बेटे को प्यार से खिलाने-पिलाने के आनंद की प्राप्ति किसी भी माँ को वीडियो में नहीं आ सकती।

आज की इस आधुनिकीकरण के दौर में लगभग हर परिवार की अगली पीढ़ी में सिर्फ एक या दो ही बच्चे होते हैं। साथ ही अधिकतर बच्चे अन्य शहरों में या विदेशों में जा रहे हैं। बहुत से त्योहार अपना महत्त्व और निजता खोते जा रहे हैं। यही छोटे-मोटे त्योहार हम लोगों के दिल में एक नई उमंग, नया उत्साह ले कर आते थे। ऐसे त्योहारों की वजह से हमारे अंदर की सारी परेशानी और तकलीफें कम हो जाती है इसलिए हमें ऐसे सभी त्योहारों को सामूहिक तौर पर मिल-जुल कर मनाना चाहिए। मेरी तरफ से आप सभी को शरद पूनम की बहुत सारी शुभकामनाएँ।

- अनन्य यू.ए.ई. के अक्टूबर 2022 अंक में प्रकाशित

बचपन की रामलीला और रामबारात

शिव मोहन

रामलीला और रामबारात ऐसे पर्व हैं जिनका बच्चे पूरे साल इंतज़ार करते थे और आज भी राम लीला के बारे में सोच कर ही हल्की-हल्की गुलाबी सर्दी के दिनों में की हुई मस्ती से दिल गुलाबी हो जाता है।

उत्तरी भारत में सर्दी की नवरात्रि अश्विन मास की शुक्ल पक्ष की प्रथम तिथि से आरम्भ होती है। नवरात्रि श्राद्ध पक्ष के बाद आती है और इसी के साथ रामलीला भी आरम्भ होती है। श्री राम जी का जन्म अयोध्या में होने के कारण रामलीला लगभग संपूर्ण उत्तर प्रदेश एवं पड़ोसी राज्यों में मनाते हैं।

वैसे भी भारत के बारे में कहा जाता है कि कोस-कोस पर पानी बदले चार कोस पर बानी, उसी प्रकार प्रथाएँ भी इसी अनुपात में बदलती हैं। कुछ जगह रामलीला श्राद्ध पक्ष के बीच में ही शुरू हो जाती है परन्तु कन्नौज में मानते हैं कि शुभ कार्य श्राद्ध पक्ष में आरम्भ नहीं होते अत: रामलीला नवरात्रि शुरू होने पर ही प्रारम्भ होती है। रामलीला का मंचन पूरे 15 दिन चलता था और रावण दहन के बाद भरत मिलाप एवं राज्याभिषेक के साथ समाप्त होता था। कन्नौज में मुख्यत: दो जगहों पर होती थी और दोनों कमेटियों में गजब की प्रतिस्पर्धा भी चलती थी।

पहले दिन की गणेश पूजा के साथ रामलीला आरम्भ होती थी और बच्चों के लिए त्योहारों के दिनों का आगमन। हर दिन की लीला की कथा के अनुसार रथ में सवारी निकलती थी और उसकी आरती सभी घरों के सामने उतारी जाती थी। भावनाएँ और श्रद्धा लोगों में अपार थी। आज भी ये प्रथा चल रही है ये बात और है कि लोगों में डिजिटल मीडिया के प्रभाव को देखते हुए इसका खिंचाव बहुत कम हो गया है। लोग अपने सामने वास्तविक मंचन को छोड़कर कई शॉट में पूरी हुई

रिकॉर्डिंग को देखना पसंद कर रहे हैं। बच्चों में ये होड़ होती थी कि कैसे सवारी की झाँकी में कोई किरदार मिल जाए क्योंकि रथ में बैठने को मिलता था। पूरी भगवान वाली भावना आती थी और राजसी खातिरदारी ऊपर से। हम लोग भी शाम से ही अपने बोरे, टाट और चादर लेकर मोहल्ले के बच्चों के साथ मंच के सामने जगह घेरने पहुँच जाते थे। शाम से ही मैदान में कई खाने के ठेले लग जाते थे जैसे कि जलजीरा वाला, इमली, कैथा, मूँगफली,चाट और गुब्बारे। घर से एक या दो रुपया लेकर बड़े बच्चों को भेजा जाता था जो सभी छोटे बच्चों को उतने पैसों में निपटा देते थे और कुछ पैसे बचा भी लेते थे। बच्चों को बचपन से ही सेविंग की आदत डाली जाती थी।

गर्म-गर्म कढ़ाई में भुनती हुई मूँगफली वह भी कैथे की चटनी के साथ बड़ी स्वादिष्ट लगती थी। रामलीला शुरू होने से पहले ग्रुप में से एक बच्चे को बड़ों को सूचना करने के लिए भेज दिया जाता था कि मंचन शुरू होने जा रहा है। घर से भी बड़े लोग भागते चले आते थे और चूँकि हम पहले से ही अपनी जगह घेरे बैठे होते थे। लोगों में ऐसी भावना आती थी जैसे कोई प्रतियोगिता जीत ली हो।

लीला पूरे चाव से देखी जाती थी और पूरे- पूरे डायलाग हमें बस देखकर ही कंठस्थ हो जाते थे और दूसरे दिन हम वही लीला घर में दोहराते थे। कोई राम बनता कोई लक्ष्मण कोई सीता तो कोई रावण। बाकायदा पूरी तैयारी करते थे, रजिस्टर की दफ़्ती से मुकुट बनाकर ,खड़िया और रोली से चेहरे पर श्रृंगार करके रोल को पूरी तन्मयता से निभाया जाता था। और यहीं से हम लोग छोटी मोटी इवेंट को मैनेज करने के गुण भी सीख जाते थे वह भी बिना कोई कोर्स लिए। हो सकता है आज की तरह का कोई सर्टिफिकेट या प्रोफेशनलिज्म न हो परन्तु स्किल का बीजारोपण तो हो ही जाता था।

फिर 7 दिन बाद आती थी राम बारात। पूरे शहर को चूने से सजाया जाता था। दोपहर से ही मुख्य सड़कों पर चहल-पहल हो जाती थी। अगल-बगल के गाँव से लोग देखने आते थे। हमारे लिए तो वह आजादी की रात होती थी। हमारे एक बाल सखा हैं आशीष उनके साथ हम पूरा कन्नौज पैदल ही नाप लेते थे पूरी रात में। बारात में कम से कम सौ झाँकियाँ होती थी और पाँच से छह मशहूर बैंड्स। हम कभी इस सड़क पर

कभी उस सड़क पर कहीं पे निगाहें कहीं पे निशाना। पूरी रात मस्ती में गुजर जाती थी एक अलग उमंग रहती थी पूरी राम बारात के दौरान।

राम बारात भी दो निकलती थी फिर क्या दो रातें पूरी हमारी। पूरी रात केवल इधर-उधर खाते मस्ती करते और झाँकियों के कई बार दर्शन करने में गुजर जाती थी बहुत सी झाँकियाँ मन मोह लेती थीं।जहाँ चार दोस्त मिल जाए वहाँ शरारतें भी होती है और वह शरारतें आज भी गाहे बगाहे सपनों में आकर बचपन को जिन्दा कर देती हैं। हल्की-हल्की सर्दी और दिन की भीनी-भीनी धूप और आने वाली दीवाली की तैयारियाँ इन दिनों को अविस्मरणीय बना देते थे।

फिर आता था रावण दहन जो हमारे यहाँ विजयादशमी को न होकर शरद पूर्णिमा को मनाया जाता है आखिर कान्यकुब्ज हैं ये। बहुत भीड़ होती थी इतनी भीड़ कि अगर कोई गिर पड़े तो जनता कचरते हुए आगे निकल जाए। पर जाते जरूर थे क्योंकि उत्साह गजब का होता था।हम भी पापा के कंधे के ऊपर बैठकर रावण दहन देखते थे। क्या नजारा होता था पहले मेघनाथ ,कुम्भकरण और फिर रावण के पुतले बारी-बारी से जलते थे।

क्या नजारा होता था पहले मेघनाथ, कुम्भकरण और फिर रावण के पुतले बारी-बारी से जलते थे। और उनकी ऊँचाई अपने मोहल्ले से भी दिख जाती थी जो हमारे लिए कौतूहल का विषय होती थी कि इतना ऊँचा बना कैसे। हमारे कान में आज भी गूँजता है- "वाह! रे वाह! मुन्ना आतशबाज क्या नजारा है"।

भीड़ छाँटने तक हम एक किनारे प्रतीक्षा करते थे फिर मिट्टी से बने तोते, सेठ-सेठानी, बाँस से बने धनुष-बाण हमारे प्रिय खरीददारी होते थे। वह मिट्टी के खिलौने भी हम कई साल तक अपने पास रखते थे क्योंकि यूज़ एंड थ्रो का जमाना नहीं था। किसी ने कहा है कि जैसा बर्ताव हम निर्जीव वस्तुओं के साथ करते है वैसे ही कुछ दिनों में सजीव के साथ करने लगते हैं। अक्षरसः सत्य है। हमारी रामलीला और रामबारात की यादें बहुत मधुर हैं।

दीवाली की मस्ती व बचपन

शिव मोहन

दीवाली त्यौहार हमारे लिए पश्चिमी देशों के क्रिसमस और अरबी देशों के ईद की तरह प्रमुख त्यौहार है। हल्की ठंडी सर्दियों के बीच दीपों के उत्सव की ये शृंखला सर्वत्र उल्लास फैलाती है। यूँ तो त्योहारों का मौसम तो नवरात्रि के शुभारम्भ से लग जाता है किन्तु दीवाली इस सभी में सबसे ज्यादा दैदीप्यमान नक्षत्र की तरह उज्ज्वलित होती है।

बचपन में दीवाली की तैयारी बहुत पहले से शुरू होती थी। दीवारों की चूने से पुताई वह भी कूची से। कभी चूना पतला कभी गाढ़ा, परन्तु पोतने में बड़ा मजा आता था। पूरा घर एक साथ सफाई में लगता था, सभी को आज के ग्रुप टास्क की तरह अलग-अलग काम बाँटें जाते थे। चूने में नील का पुट दीवारों का रंग और निखार देता था। पुताई में भी प्रतिस्पर्धा होती थी कि कौन दीवार जल्दी पोतता है। कभी आँख में चूना गया है? पूरी आँख लाल हो जाती थी और हाथ भी कट जाते थे परन्तु उत्साह कभी फीका नहीं हुआ कि हमें पुताई नहीं करना।

पूरे घर से पिछले वर्ष का कबाड़ और रद्दी निकाल कर कबाड़ी वाले भइया को बेचकर हमारी चाँदी हो जाती थी जैसे गड़ा धन मिल गया हो। छोटी-छोटी खुशियाँ बहुत मायने रखती थी। घर की छतों को गेरू मिले गोबर से लीपना और किनारों पर चूने का बॉर्डर बनाना हमारी चित्रकला की प्रतिभा को निखारता था।

बाजार में रौनक देखते बनती थी। रूई की धुनाई भी शुरू होती थी और नयी रूई बाजार में आती थी। रूई ले लो रूई की आवाज़ लगाते बच्चे सहसा आपको पूरी डलिया रूई लेने को आकर्षित करते थे। बाजार में मिट्टी के दिये,मोमबत्ती, गणेश लक्ष्मी और खील बताशे की दुकानें सड़क के किनारे लग जाती थी। हमारी दीवाली आज की दीवाली से ज्यादा ग्रीन और पर्यावरण प्रेमी थी। कुम्हार काका के लिए ये पूरे वर्ष की मेहनताना कमाने का समय होता था।

पहले मोमबत्ती घरों में बनती थी, वह भी सफेद रंग में। रंग बिरंगी मोमबत्ती प्रीमियम केटेगरी में आती थी। हम भी मोमबत्ती की दुकान लगाते थे। मोमबत्ती के पैकेटों को बड़े बंडल से खोलकर पिरामिड के रूप में लगाना और फिर बिक जाने पर दूसरा बंडल खोलकर फिर से पिरामिड खड़ा करना पूरे संसार के सुख को पाने जैसा लगता था। शाम को हमारा मेहनताना हमारी बेची मोमबत्तियों के हिसाब से तय होता था। "लई लो लई लो सस्ती मद्दी आगे नाही मिलिये" से हम ग्राहकों को अपनी दुकान में बुलाते थे।

बगल में खील-बताशे का ढ़ेर ऐसे लगता था जैसे बर्फ के पहाड़ कन्नौज की सड़कों पर आ गए हों। खील के सफेद पहाड़ और दियों के लाल पहाड़ों में भी गजब का कम्पटीशन होता था। मिट्टी के दिये सैंकड़ा के हिसाब से बिकते थे यानि कोई भी परिवार सौ दो सौ से कम दिये तो जलाता ही नहीं था।

अब बात आती है पटाखों की। पटाखों में देसी अनार, देसी बम, देसी फुलझड़ी, महताब तथा राकेट ज्यादा चलते थे। हमारे कन्नौज में मुख्यतः दो आतशबाज प्रसिद्ध थे और देसी पटाखों की डिमांड टॉप पर होती थी। फिर धीरे-धीरे मुर्गा छाप पटाखा का क्रेज बढ़ा जो शिवकाशी से आते थे फिर धीरे-धीरे पूरी आतशबाजी और झालर की बाजार में चीन का प्रभुत्व बढ़ गया क्योंकि शायद हमें कोई 'वोकल फॉर लोकल' के लिए जगाने वाला न था। पटाखों में चिटपुटिया की डिब्बी, साँप की गोली, धागे वाली रेलगाड़ी, बिंगी और सिको पटाखा बहुत प्रमुखता से बच्चों को ललचवाते थे। कई बार अनार बम की तरह फट जाता था और फुलझड़ी की फेंकी गर्म-गर्म लोहे की तार आँख में आँसू लाती थी पर मजाल है कि उत्साह कम हो।

धनतेरस के दिन बर्तन मंडी में लगता था कि आज तो बर्तनों का वार्षिकोत्सव है। कोई चम्मच, कटोरी, गिलास सब अपनी जेब के हिसाब से लेते थे और मुझे ज्वेलरी की दुकान में कभी धनतेरस पर ज्यादा भीड़ नहीं दिखाई दी। शायद लोग दिखावे में विश्वास न करते थे या कहो आज के हिसाब से मध्यम वर्ग से थे। छोटी दीवाली को नरक चतुर्दशी के दिन हनुमान जी को चोला चढ़ाना, वह भी चमेली के

तेल का प्रमुख था क्योंकि आज हनुमान जयंती भी होती है। आज के दिन नाली के पास दिया जलाना ज्यादा जरूरी था। फिर आता था दीवाली पूजा का दिन। दीवाली पूजा शाम से ही शुरू हो जाती थी। पहले एक दुकान फिर दूसरी दूकान और सबसे बाद में घर की पूजा।

-   अनन्य यू.ए.ई. के नवम्बर-दिसम्बर 2022 अंक में प्रकाशित

आलेख

सोशल मीडिया पर कबीर (व्यंग्य)

डॉ. मंजु सिंह

स्वर्ग में अपने करघे पर चादर बुनते कबीर आज बहुत दुखी थे। यूँ तो स्वर्ग सिर्फ रास-रंग, भोग-विलास, स्वादिष्ट पकवान, दुख-कष्ट आदि से परे है, पर कबीर ठहरे कबीर। फक्कड़ आदमी। भला बिना कुछ किए इन सब का आनंद उठाना उन के बस की बात थी? इसलिए उन्होंने स्वर्ग के अधिष्ठाता को पहले ही कह दिया था कि वे अपना काम नहीं छोड़ सकते। उनकी इच्छा का सम्मान करते हुए करघा मँगा दिया गया था।

वे इस पर नर्म, सफेद झक्क चादर बुनते रहते थे जो कि देवताओं के काम आती थी। यद्यपि यह चादर झीनी-बीनी सी नहीं थी। न ही इसमें कोई दाग लगा था। फिर भी वे दुखी थे। क्योंकि स्वर्ग के भारतीय चैनल पर वे जो देख रहे थे, बर्दाश्त करना कठिन हो रहा था। विरोध तो उनका भी बहुत हुआ था, जब उन्होंने हिन्दू व मुस्लिम दोनों के कर्मकांड पर तीखे प्रहार किए थे। पर आज 21वीं सदी में, जहाँ भारत देश इतना सामर्थ्यवान हो गया कि मंगल ग्रह तक यान भेज दिया पर फिर भी ये लोग उसी सोलहवीं शताब्दी के हिन्दू-मुस्लिम में फँसे हैं? ये कैसा विरोधाभास है? कबीर ने एक क्षण कुछ सोचा फिर स्वर्ग के अधिष्ठाता को यह कहकर कि वे कुछ समय के लिए घूमने जा रहे हैं, तत्काल धरती पर आ गए। उन्होंने सोचा था कि शायद आजकल के समय में लोगों को उनकी सधुक्कड़ी भाषा समझ नहीं आ रही होगी तो आजकल की ही भाषा मे उन्हें समझाना होगा। उन्होंने एक स्मार्टफोन खरीद लिया। अब तक वे सोशल मीडिया के प्रभाव को समझ चुके थे। उन्होंने फेसबुक, ट्विटर,

व्हाट्सएप्प सब पर अपना एकाउंट बनाया। फिर अपने दोहों का अनुवाद सामान्य भाषा में करना शुरू किया। कुछ नए ज़माने के नए छंद भी लिखे।

मस्जिद जो बनाई तूने टाइलें लगा,
माइक भी लगाया उसमें हाई पावर का।
पाँच बार माइक पर तू क्यों चिल्लाता,
मन की भी सुनता, तेरा बहरा नहीं खुदा।
औरतों को कैद तूने पर्दे में किया,
हक़ तालीम का भी छीन क्यों लिया।
खिदमत तेरी वो जी जान से करे,
तू दे उसे तलाक़, खुदा से भी न डरे?
रात रात जाग कर तू माइक पर चिल्लाए,
खुद न भजन करे, मंडली बुलाए।
नगर के बीमार, बूढ़े, बच्चों को जगाए,
माता को ही इन बच्चों के दुख से रुलाए।
ऊँचे ऊँचे भव्य सुंदर मंदिर बनाए,
पत्थर के भगवान तूने उसमें बिठाए।
भोग लगाएं, दूध नाली में बहाए,
भूखा जो कन्हैया, आँसू पीके बिलबिलाए।
पत्थरों को पूज के जो मिल जाए राम,
पूज लूँ पहाड़ को मैं, नहीं बड़ा काम।
पत्थर की इस मूरत से तो चक्की है भली।
पीस के अनाज, सबका पेट भर चली।

इसी प्रकार के अनेक अपने दोहों को नए रूप में लिख कर उन्होंने सोशल मीडिया पर डाल दिया, कबीर शर्मा के नाम से। उनके ये पोस्ट अचानक वायरल हो गए। कबीर खुश! समझे लोग समझ रहे हैं। पर कुछ ही घंटों में उनके एकाउंट पर लोगों की भद्दी-भद्दी गालियाँ आने लगीं।

सबसे पहला प्रश्न तो लोगों का यही था, कि वह है कौन? हिन्दू या मुसलमान? कुछ को डर था कि एक मुसलमान हिन्दू सरनेम के साथ हिंदुओं को

बदनाम कर रहा है। कुछ का आक्षेप था कि हिन्दू घुसपैठिया मुस्लिमों की मस्जिद व अज़ान का मखौल उड़ा रहा है। बस फिर क्या था, टी.वी. चैनलों पर डिबेट शुरू हो गया। मौलवी, पंडित, पत्रकार, समाज सुधारक, अलग अलग राजनैतिक पार्टी के प्रवक्ता सब एक साथ चिल्ला-चिल्लाकर एक दूसरे पर आरोप लगा रहे हैं। कौन क्या कह रहा है कुछ नहीं समझ आ रहा।

कुछ मौलवियों ने कबीर के खिलाफ फ़तवा ज़ारी कर दिया है। कुछ हिन्दू संगठन कबीर का सिर काटने व हाथ पैर तोड़ने वाले के लिए ईनाम की घोषणा कर रहे हैं। अलग-अलग स्थानों पर जुलूस निकाले जा रहे हैं। कबीर के पुतले जलाए जा रहे हैं। धर्म का ऐसा भयावह रूप तो कबीर ने सोलहवीं शताब्दी में भी न देखा था। उनकी समझ में कुछ नहीं आ रहा था। तभी रात के अँधेरे में स्वर्ग से एक विमान उतरा और देवदूत ने उनसे वापस स्वर्ग चलने की प्रार्थना की।

कबीर हतप्रभ से कुछ सोच नहीं पा रहे थे। रास्ते में देवदूत ने बताया, गुरुदेव! यह चुनाव का समय है। आप की कविताओं का विरोध कर अलग-अलग धर्म के लोगों को लुभाने का प्रपंच है ये सब। किन्तु फिर भी हम आपको यहाँ असुरक्षित मानते हुए ले जा रहे हैं। कबीर अभी भी सदमे की अवस्था में थे।

– अनन्य यू.ए.ई. के अगस्त 2022 अंक में प्रकाशित

पुस्तक विमोचन : शेष-अशेष (रिपोर्ताज)

अंजू मेहता

27 मार्च को अल हसन कॉम्प्लेक्स शारजाह यू.ए.ई. में आदरणीय शैल जी द्वारा रचित उपन्यास 'शेष-अशेष के विमोचन के उपलक्ष्य में एक कार्यक्रम आयोजित किया गया, जिसमें यू.ए.ई. के साहित्यकारों ने बहुत ही उत्साह के साथ अपनी उपस्थिति दर्ज की।

यूँ तो शैल जी यू.के. स्थित हिंदी साहित्य का जाना-माना नाम हैं। उनके अंदर छिपी लेखन की बहुमुखी प्रतिभा तथा उनके बहुआयामी व्यक्तित्व को जानने का मौक़ा मिला। आदरणीय पूर्णिमा जी के सौजन्य से आयोजित कार्यक्रम का संचालन डॉ० आरती जी द्वारा किया गया।

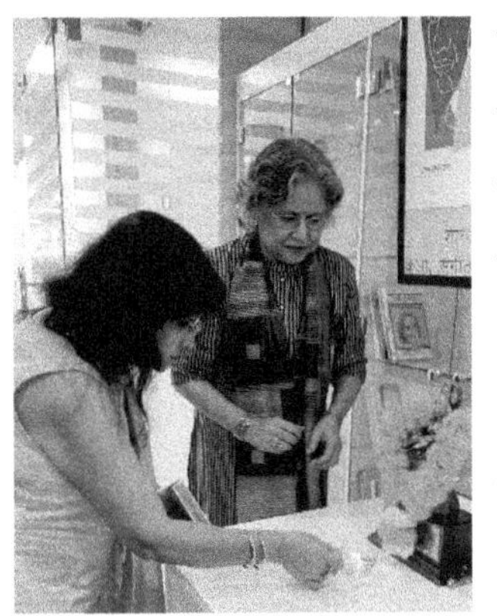

कार्यक्रम का शुभारम्भ माँ सरस्वती पर माल्यार्पण से हुआ व सभी की उपस्थिति के मध्य दीप प्रज्ज्वलित शैल जी ने किया। गायिका कौसर की सुमधुर गायिकी द्वारा सरस्वती वंदना के साथ-साथ आदरणीय पूर्णिमा जी के स्वागत भाषण द्वारा हुआ। शैल जी का परिचय अनु बाफ़ना ने दिया। उपन्यास के एक रोचक अंश पर डॉ०

आरती जी ने प्रकाश डाला। समीक्षा में डॉ० मंजु सिंह जी ने बहुत सटीक ढंग से अपना मंतव्य रखा। डॉ० उर्मिला जी ने शैल जी द्वारा संचालित पत्रिका 'लंदन पाती' के बारे में उत्कृष्ट जानकारी

दी।

द्वितीय सत्र में शैल जी की साहित्यिक यात्रा, उपन्यास निर्माण की प्रक्रिया, नृत्य व साहित्य पर प्रभाव, 'लेखनी' पत्रिका के विषय के बारे में चर्चा प्रारम्भ हुई जिसमें देवयानी रानी, वीना शर्मा, करुणा राठौर, नेहा शर्मा जी द्वारा पूछे गए प्रश्नों के उत्तरों के रूप में विस्तृत जानकारी हासिल हुई। प्रश्न-काल शैल जी द्वारा संतुष्टिपरक उत्तरों पर समाप्त हुआ। शैल जी पर स्वरचित कविता अंजू मेहता द्वारा पढ़ी गई।

कार्यक्रम में शैल जी के आदरणीय पतिदेव, पुत्र व पुत्रवधू व उनके दोनों पौत्र की गरिमामयी उपस्थिति रही। शैल जी भारत से दूर होते हुए भी सोशल मीडिया द्वारा भारतीय साहित्यिक अकादमिक कार्यक्रमों से अपने आपको जोड़े रखती हैं।

कार्यक्रम में आतिथ्य-सत्कार तथा कार्यक्रम को ऊर्जावान बनाए रखने के लिए डॉ० आरती जी के प्रयास सराहनीय रहे। पूर्णिमा जी के द्वारा स्नेहपूर्ण जलपान की व्यवस्था की गई। साहित्य समर्पित लोगों का जमावड़ा सचमुच काफ़ी प्रेरक, उत्साह भरने वाला रहा। कार्यक्रम का अंत आदरणीय पूर्णिमा जी के आभार ज्ञापन द्वारा हुआ।

- अनन्य यू.ए.ई. के सितम्बर 2022 अंक में प्रकाशित

निसर्ग का करिश्मा (छायाचित्र)

देवयानी 'रानी'

दुबई के पौंड पार्क में एक शाम यूँही बैठे-बैठे ख़याल आया कि प्रकृति कितनी खूबसूरत और सुखदायक है। कुदरत ने हमें निसर्ग की महिमा का यह जो सुन्दर-सा तोहफा दिया है, उसकी हमें पूर्ण रूप से रक्षा करनी चाहिए। हर तरफ मुझे बस यह रंगों का रूप नज़र आ रहा था। लाली बिखेरता आकाश, रंगबिरंगे फूल, झूमती तितलियाँ, वृक्षों पर इठलाती डालियाँ और पार्क में हरियाली की बहार, जैसे कोई बिछा हुआ हरा कालीन हो। बस इस खूबसूरत करिश्मे के एक रंग को मैंने अपने कैमरे में क़ैद किया और इस सुखद अहसास को आँखें मूँदकर अपने मन में भी बसा लिया।

दूरियाँ नज़र आईं पत्तों के बीच, नीले गगन की ओर ले आईं मुझे खींच,
परिंदे भरे उड़ान दूर एक संग, साथ चल, गम भुलाने का यही है ढंग !

– अनन्य यू.ए.ई. के सितम्बर 2022 अंक में प्रकाशित

नवरात्रि गोलू (सांस्कृतिक आलेख)

अनिता कार्तिक

(मूल रूप से अंग्रेज़ी में लिखे संस्कृति-आलेख की अनुवादक: मीरा ठाकुर)

'नवरात्रि' उत्सव लक्ष्मी, दुर्गा और सरस्वती देवियों के आह्वान के लिए मनाया जाने वाला विशेष 9 रातों का त्योहार होता है। यह त्योहार भारत के सभी हिस्सों में अलग-अलग नामों तथा रीति-रिवाजों के साथ धूमधाम से मनाया जाता है। दक्षिण भारतीय राज्य तमिलनाडु में पहले तीन दिन देवी लक्ष्मी, अगले तीन दिन देवी दुर्गा और अंतिम तीन दिन देवी सरस्वती के महात्म्य को स्मरण करने के लिए मनाया जाता है।

हम इन दिनों अपने घर में 'गोलू' की स्थापना करते हैं जिसमें प्रतीकात्मक प्रतिमाएँ विशिष्ट स्थानों पर सजाई जाती हैं। यह सजावट धातु की सीढ़ी के ऊपर एक व्यवस्थित रूप में की जाती है। 'गोलू' में विषम संख्या में सीढ़ियाँ होती हैं और प्रत्येक सोपान एक विशिष्ट प्रकार की मूर्तियों को समर्पित होता है। सबसे ऊपर यानि पहली सीढ़ी पर गणेश जी, माँ सरस्वती, देवी लक्ष्मी और कुम्भ; दूसरी पर अष्टलक्ष्मी; तीसरी पर दशावतार, चौथी पर श्रीराम परिवार, पाँचवीं पर चेटियार, उनकी पत्नी, गुरु शंकराचार्य तथा शिरडी वाले साईं बाबा।

'कुंभम्' इस प्रथा का प्रमुख अंग है जिसे देवी के आह्वान का प्रतिनिधित्व करने वाले 'गोलू' में रखा जाता है। मिट्टी से बने घड़े में केसर हल्दी युक्त जल भरकर देवी को स्थापित किया जाता है। ऊपर आम्रपत्र सजाकर इसके मुख पर हल्दी के लेप वाला नारियल रखा जाता है।

घर की महिलाएँ अपने 'पट्टु पोडवई' (अर्थात शुद्ध रेशम की साड़ी) और युवा लड़कियाँ अपने पट्टु पोवडई (रेशम का लहंगा) में सुसज्जित होती हैं। ऐसा माना जाता है कि प्रत्येक महिला में देवी की शक्ति होती है और उनका आशीर्वाद छोटों द्वारा लिया जाता है। ये नौ रातें इतनी खास हैं कि हम शादीशुदा महिलाएँ और अविवाहित लड़कियाँ चने, चना दाल, मूँगफली, हरे चने की दाल आदि से बने पारंपरिक प्रसाद 'सूंडल' बनाते हैं और पड़ोसियों व रिश्तेदारों को खिलाते हैं। हर

दिन हम अलग-अलग प्रकार का 'सूंडल' (प्रसाद) बनाते हैं। नौ दिन हम पूरे मोहल्ले को 'वेथलई पाक' के लिए आमंत्रित करते हैं। आमंत्रित अतिथियों के साथ पूजा-अर्चना कर दक्षिण भारतीय शुद्ध शाकाहारी व्यंजनों से उनका स्वागत कर प्रसाद दिया जाता

है और स्त्रियों का हल्दी-कुमकुम से तिलक कर भेंट दी जाती है।

तमिलनाडु के अधिकांश गाँवों में इन 9 दिनों के दौरान संगीत, नृत्य उत्सव और भजन के आयोजन किए जाते हैं। यहाँ दुबई में भी हम 'गोलू' को उसी धूमधाम से मनाते हैं जहाँ हम अन्य परिवारों को घर पर आमंत्रित करते हैं और उन्हें 'वेथलई पाक' देते हैं।

तमिलनाडु के इस प्रसिद्ध त्योहार के अंतिम दिन को 'विजयादशमी' के रूप में जाना जाता है, जहाँ रीति के अनुसार मूर्तियों में से एक को लिटाकर नवरात्रि की समाप्ति की सूचना दी जाती है। ग्यारहवें दिन सभी प्रतिमाएँ डिब्बों में सहेजकर रख दी जाती हैं। इस प्रकार उत्सव पूर्ण हो जाता है।

सबसे आकर्षक बात यह है की दुबई जैसी जगह में भी हमें गोलू की सब सामग्री सुविधा से मिल जाती है। 'गोलू' की प्रतिमाएँ संभालकर रखी जाती हैं और पीढ़ी दर पीढ़ी हस्तांतरित होती चली जाती है। वे मिट्टी या प्लास्टर ऑफ पेरिस से बनी होती हैं। प्रतिमाओं की ही भाँति सीढ़ी को भी खोलकर छोटा रूप देकर अगले वर्ष के लिए संग्रहीत कर लिया जाता है।

-	अनन्य यू.ए.ई. के अक्टूबर 2022 अंक में प्रकाशित

यू.ए.ई. : विभिन्न संस्कृतियों का संगम-स्थल

मनीषा नैनवाणी

लगभग एक दशक से यू.ए.ई. में रहने की अवधि विभिन्न उत्साहपूर्ण घटनाओं से ओतप्रोत रही है। इस घटनापूर्ण अवधि में, मैंने इस अद्भुत भूमि को जितना जाना, उतना सराहा और प्यार किया है और मैं दुनिया भर के लोगों के साथ सार्थक मित्रता-संबंध बनाने और पोषित करने में कामयाब रही हूँ। मेरे अनुसार दुनिया में ऐसे किसी अन्य देश को खोजना असंभव कार्य होगा जिसमें विविध संस्कृतियों और कई परम्पराओं के इतने सारे लोग एक स्थान पर सामंजस्य से मिल-जुलकर रहते हैं। मुझे यकीन है कि जिसने भी इस अद्भुत भूमि में कुछ महीने बिताए हैं, वह पूरे दिल से मेरी बात से सहमत होगा। लेकिन आपको इसके लिए सिर्फ मेरी बात मानने की जरूरत नहीं है। दुनिया के विभिन्न कोनों से आकर यू.ए.ई. में रहनेवाले अपने कुछ मित्रों और सहकर्मियों के सामने मैंने यह प्रश्न रखा और उनसे अपने विचार साझा करने के लिए कहा कि वे संयुक्त अरब अमीरात के बारे में क्या महसूस करते हैं। ईमानदारी से कहूँ तो उनके जोशपूर्ण उत्तरों ने मुझे जरा-सा भी आश्चर्यचकित नहीं किया क्योंकि मैं वास्तव में इन प्रभावपूर्ण भावों से बहुत अच्छी तरह परिचित थी। मेरी बात से सहमत होने के लिए आप भी पढ़िए मेरे विदेशी मित्रों के विचार- कि लोग शक्तिशाली संयुक्त अरब अमीरात के बारे में कैसा महसूस करते हैं: -

कनाडा की नागरिक, अर्मेनियाई भाषाभाषी, पाटिल तूकमहजी दुबई की बहुराष्ट्रीय कम्पनी में ग्राहक-सेवा प्रतिनिधि का कार्य करते हुए बताती हैं- मेरा मानना है कि संयुक्त अरब अमीरात हमेशा विभिन्न संस्कृतियों का एक संगम स्थल रहा है क्योंकि यहाँ लगभग हर देश की राष्ट्रीयता के नागरिकों का घर है।

यू.ए.ई. के सांस्कृतिक दृश्य ने कई वर्षों में अमीराती, अरबी और अंतर्राष्ट्रीय संस्कृतियों के मेल का जश्न मनाया है। यू.ए.ई. देश, संस्कृतियों और धर्मों की विविधता को ताकत और समृद्धि का स्रोत मानता है। यहाँ आपको दुनिया के विभिन्न हिस्सों से कई राष्ट्रीयताएँ एक सुरक्षित और प्रगतिशील महौल में सौहार्द्रपूर्वक रहती हुई मिल जाएँगीं।

ईमेल - patil.toukmahji@gmail.com

फ़िलिपीन्स देश की नागरिक, **डिएन एल सेराडो** दुबई में रहती हैं और शारजाह में स्वागत डेस्क पर काम करती हैं। वे कहती हैं- यू.ए.ई. एक ऐसा देश है जिसमें दो सौ से अधिक राष्ट्रीयताएँ एक साथ रहती हैं। इसलिए विभिन्न देशों के लिए संयुक्त अरब अमीरात की उदारता, खुलेपन ने लोगों को अपनी विभिन्न संस्कृतियों को अपने साथ लाने और इसे दूसरों के लोगों के साथ साझा करने में सक्षम बनाया है। यहाँ हर देश के व्यंजन और मसाले आदि पाए जाते हैं जो दूसरे देशों के लोए स्वाद से खाते हैं। इससे भी महत्वपूर्ण बात यह है कि संयुक्त अरब अमीरात एक ऐसा समाज बन गया है जो अप्रवासी संस्कृतियों के विन्यास से बनता है जो अंततः सामाजिक और सांस्कृतिक रूप के नए संस्करण का उत्पादन करता है। अंत में, संयुक्त अरब अमीरात निश्चित रूप से विभिन्न राष्ट्रीयताओं, शैलियों और संस्कृतियों के मिश्रण का पात्र है, एक ऐसा समाज जहाँ कई तरह के लोग एक साथ मिल कर एक हो जाते हैं।

ईमेल - Diane.cerado@gmail.com

श्रीलंका की नागरिक, सिंहली भाषाभाषी, चातुनी रूपासिंघे अजमान अमीरात में रहते हुए शारजाह के भारतीय विद्यालय में विदेशी भाषा फ्रेंच की शिक्षिका हैं। उनका कहना है- संयुक्त अरब अमीरात बहुराष्ट्रीय निवासियों वाला एक देश है जहाँ वे अपनी धार्मिक मान्यताओं और सामाजिक जीवन शैली को बनाए रखने के लिए

स्वतंत्र हैं। बौद्ध होने के नाते मुझे यह बताते हुए गर्व हो रहा है कि संयुक्त अरब अमीरात ने दुबई में दो मंदिरों की स्थापना की है, जहाँ हम अपने धार्मिक आयोजनों और त्योहारों का आयोजन कर सकते हैं। यहाँ एक स्कूल भी है जिसमें श्रीलंका के दुबई महावाणिज्य दूतावास के सौजन्य से मुफ्त शिक्षा दी जाती है। इस स्कूल का उद्देश्य है कि श्रीलंका के बच्चे यू.ए.ई. व इसके राष्ट्रीय त्योहारों और धार्मिक पृष्ठभूमि के बारे में जान सकें। लगातार पाँच वर्षों तक यहाँ एक शिक्षक होने के नाते मुझे इस खूबसूरत राष्ट्र पर वास्तव में गर्व है। यहाँ के शासकों, प्रशासकों व राष्ट्रनिर्माताओं ने प्रवासियों को सभी प्रकार के धार्मिक या सांस्कृतिक कार्यक्रम आयोजित करने और उनमें भाग लेने की पूरी स्वतंत्रता दी है ताकि उन्हें यह महसूस हो सके कि यह घर से दूर उनका अपना घर है।

ईमेल: chathunir.rupasinghe@gmail.com

सुडान राष्ट्र की मूल नागरिक, अरबी मातृभाषा की रवान अब्दुल्ला बिनौफ शारजाह के भारतीय सी.बी.एस.ई. पाठ्यक्रम के विद्यालय में अनिवार्य अरबी भाषा की शिक्षिका हैं। वे कहती हैं- संयुक्त अरब अमीरात मेरे लिए घर से दूर एक अपना घर है। यह एक ऐसा विशेष स्थान है जो दुनिया के हर कोने से आए एक-एक और सभी को गले लगाता है। सांस्कृतिक सहिष्णुता और विविधता के अपने दृष्टिकोण पर खरा उतरते हुए संयुक्त अरब अमीरात ने खुले दिल और दिमाग से अपने सभी निवासियों के दिल तक पहुँच बनाई है। इस धन्य भूमि में जन्म लेने और पालन-पोषण प्राप्त करने का सुनहरा अवसर मिलने के बाद मुझे अपने चुने हुए

कैरियर पथ पर अपनी शैली में बढ़ने और विकसित होने के अनेकोंनेक अवसर मिले हैं।

ईमेल: rawan3abdallah@gmail.com

युवा भारतीय उर्दू भाषाभाषी, नबीहा ज़ेहरा, जो कि शारजाह के दिल्ली प्राइवेट स्कूल में कक्षा दस की छात्रा हैं, कहती हैं- प्रौद्योगिकी और मानव-संपर्क की क्रांतिकारी प्रगति के बाद, संयुक्त अरब अमीरात निस्संदेह विभिन्न संस्कृतियों का संगम कुम्भ बन गया है। 200 राष्ट्रीयताओं का अपना घर बन, संयुक्त अरब अमीरात एक ऐसा विशेष मिलन-स्थल बन गया है जो विभिन्न संस्कृतियों और परंपराओं का समुचित सम्मान करता है। मस्जिदों, मंदिरों और चर्चों जैसे बहु-धार्मिक स्थलों वाला देश होने के नाते यहाँ सबको गले लगाने वाला एक सर्वव्यापी वातावरण बन गया है। एक्सपो 2020 जैसे वैश्विक-महोत्सव में, हम प्रत्यक्ष देख सकते हैं कि यू.ए.ई. एक सर्व-समावेशी स्थान बनने के लिए पहले ही कई कदम उठा चुका है। यू.ए.ई. न केवल अन्य समुदायों के प्रति नफरत की दीवारों को तोड़ता है बल्कि सांस्कृतिक-धार्मिक विविधता भी प्रदान करता है जिससे हमें अन्य समुदायों के तरीकों को समझने और उनका सम्मान करने में मदद मिलती है। संक्षेप में, संयुक्त अरब अमीरात बहुसंस्कृतिवाद और विविधता का जश्न मनाता है।

ईमेल - fakeha.baqri@gmail.com

पाकिस्तानी मूल की साइमा ओवैस, जो कि शारजाह के प्राइवेट स्कूल में प्राचार्या की निजी सचिव हैं, कहती हैं- संयुक्त अरब अमीरात में पैदा होने और यहीं के स्कूल में पले-बढ़े होने के कारण मेरे हमेशा अलग-अलग देशों की

नागरिकता वाले दोस्त रहे हैं। यू.ए.ई. में हम ईस्टर, ईद, दिवाली और क्रिसमस जैसे सभी आयोजनों को मनाते हैं, चाहे हम किसी भी धर्म के हों। यह निश्चित रूप से हमारे आसपास के लोगों के उदारहृदय और बहुमुखी-प्रतिभा को दर्शाता है कि हम विभिन्न संस्कृतियों के साथ मेलजोल स्थापित करते हैं।

ईमेल - saimaoa@gmail.com

बांग्लादेशी शमीम आरा, यू.ए.ई. की अजमान अमीरात की निवासी, बंगाली भाषाभाषी, पेशे इस्लामिक विषय की शिक्षिका, कहती हैं- विश्वभर के समस्त देशों की राष्ट्रीयता वाले परिवारों के लिए यू.ए.ई. दो से अधिक पीढ़ियों से उनका दूसरा घर बना हुआ है। ये लोग नौकरी अथवा व्यवसाय के सिलसिले में यहाँ आकर बसे हुए हैं। ये सभी उद्यमिता से लेकर श्रम तक विभिन्न क्षेत्रों में संलग्न हैं, और सभी मानते हैं कि यह महान राष्ट्र उनके बेहतर भविष्य के लिए सही जगह है। जहाँ वे सुरक्षित और संरक्षित महसूस करते हैं और बेहतर भविष्य का निर्माण करने में सक्षम हैं। इस देश का हिस्सा बनकर बहुत खुशी हो रही है। सर्वशक्तिमान यू.ए.ई. के नेताओं को आशीर्वाद दें।

ईमेल- Moon-star21@hotmail.com

- अनन्य यू.ए.ई. के अक्टूबर 2022 अंक में प्रकाशित

संघर्षरत साहित्य

स्नेहा देव

सोशल मीडिया, डिजिटल मीडिया से प्रिंट मीडिया को नुकसान तो हुआ है, पर साथ ही सब तरह के लेखन और अभिव्यक्ति को स्वतंत्रता भी मिली है। इस भीड़ में अच्छा-बुरा सब सम्मिलित है। आम पाठक जिसके पास पहले से ही समय की कमी है, अब उसे अच्छा ढूँढने के लिये और भी मुश्किल हो रही है। पहले साहित्य का स्तर पब्लिकेशन के ख़ुद के उच्च स्तर से ही जाँच लिया जाता था। प्रकाशन की विश्वसनीयता के आधार पर पाठक सहजता से किताबें ख़रीद लेता था। अब ये दारोमदार लेखक के ऊपर आ टिका है। ऐसे में नए लेखकों को अपनी मार्केंटिंग भी स्वयं करनी होती है। वह क्या क्या करेगा? निजी लगन प्रतिभा से लिख तो लेगा किंतु वह व्यापारी तो है नहीं, तो वह बेचेगा कैसे?

एक तो लेखन में पैसा नहीं है, जिससे इसे जीवनयापन का ज़रिया नहीं बनाया जा सकता। दूसरा पर्याप्त धन की कमी के परिणाम स्वरूप सभी स्तर पर साहित्य ही चोटिल हुआ है। इनका सीधा संबंध साहित्य की गिरते मूल्य से है।

अब अधिकतर पब्लिकेशन्स प्रिंटिंग प्रेस की दुकानों का रूप लेती जा रही हैं। लेखक स्वयं का समय लगा कर लिखता है, और उस लिखे को सही पाठकों तक पहुँचवाने के लिए, जो कि एक स्वाभाविक कुदरती चाह है, पैसे भी अपनी जेब से लगाता है।

कुछ आर्थिक रूप से सम्पन्न लोग, अपने यश की चाह में पब्लिकेशन्स को ख़ुद को छपवाने के लिए पैसा देते हैं और कब साहित्यिक सेवा की भावना रो उपजा संस्थान, व्यापार और मामूली धंधे में बदल गया, पता ही नहीं चला। इस तरह के धन आने से लेखन की गुणवत्ता से संस्थापक, संपादकों ने भी आँखे मूँद ली हैं। ऐसी अवस्था में, उन्होंने नवनिर्मित साहित्यकारों के लिए भी कोई स्थान न रखा। हर वर्ष स्कूल, कॉलेजों में किताबों के ठेके लेना शुरू कर दिया।

ज़ाहिर है पैसे आते किसको अच्छे नहीं लगते। नैतिकता की नाव, न जाने कब धन की लालसा, और साहित्य की उपेक्षा से भर कर डूब गई, हमें ज्ञात ही नहीं हुआ।

साहित्यिक गतिविधियों में धन का सही उपयोग, सही नीयत का होना बेहद आवश्यक है। जो लोग सम्पन्न हैं, वे ये धन डूबते प्रकाशनों की मदद के रूप में कर ही सकते हैं। स्वयं की किताब छपवाने के लिए धन देना और सहयोग के लिए धन देने में बस नीयत और गरिमा का अंतर है।

भारत की बिडम्बना है कि मंदिर में लक्ष्मी की मूर्तियों पर अमीर ग़रीब सभी धन का चढ़ावा देने में आगे रहते हैं, परन्तु ज्ञान की देवी स्वरस्वती माँ की मूर्ति पर कुछ चढ़ाते कभी नहीं देखा गया।

ऐसे देश में साहित्य सेवा के भविष्य के लिए चेतना पैदा करना, संभवतः हम सबका कर्त्तव्य होना चाहिए। इस बार अपना चढ़ावा किसी साहित्य सेवी संस्थान को दीजिएगा। सुना है "जहाँ स्वरस्वती होती है वहाँ लक्ष्मी नहीं आती"। (हालाँकि एक कहावत से ज़्यादा नहीं यह), लेकिन मेरा मानना है कि स्वरस्वती माँ अहंकार रहित ज्ञान की देवी है, इसलिए जहाँ लक्ष्मी जी होंगी वो वहाँ अवश्य आशीष देने आ जाएँगी।

अंत में यही कहूँगी कि हर कोई लेखक तो नहीं बन सकता पर हर कोई एक साहित्य सेवी अवश्य हो सकता है।

-   अनन्य यू.ए.ई. के अक्टूबर 2022 अंक में प्रकाशित

मैं बुर्ज खलीफा बोल रहा हूँ

नूपुर दुबे

नमस्ते, मैं बुर्ज खलीफा बोल रहा हूँ। आप लोग मुझे पहचानते होंगे और पहचानते नहीं भी हैं तो जानते तो जरूर होंगे। मेरे पास खिताब हैं दुनिया की सबसे ऊँची इमारत होने का। यही कारण है कि दुनिया भर से लोग मुझे देखने, मुझसे मिलने और मेरे साथ मेरी ऊँचाई से दुबई को निहारने आते हैं। फिर मैं उनके साथ उनकी यादों में, तस्वीरों में, फोन में और सोशल मीडिया के खातों में हमेशा के लिए बस जाता हूँ।

मुझे अब सजे-धजे चेहरों को देखने की आदत हो गई हैं। मेरे नजदीक आते ही लोग कैमरा निकाल लेते हैं और लगातार तस्वीरें खींचते हैं। मैं उनसे कुछ बोलना चाहता हूँ, पर वह अपने कैमरे और मोबाईल में ऐसे खो जाते हैं कि मेरी बात नहीं सुनते। सोचिए, जब दुनिया में सबसे अनोखा होने के बावजूद मेरा ये हाल है तो बाकियों का क्या हाल होगा? चलिए, आज हम कुछ बात करते हैं, मैं अपने कुछ अनुभव आप के साथ साझा करता हूँ:

वक्त लगता है

हम सब अपने जीवन में ऊँचाई पर पहुँचना चाहते हैं। पढ़ाई हो, नौकरी हो या खेल हो या व्यापार किसी भी क्षेत्र में ऊँचाई छूने में वक्त लगता है। ये ऊँचाई आसानी से नहीं मिलती। सपनों की जमीन को मेहनत से सींचना पड़ता है, प्रयासों की पौध को नकारात्मकता और निराशा के संक्रमण से बचाकर रखना पड़ता है तब जाकर बड़े जतन के बाद ऊँचाई मिलती है।

मौन सर्वश्रेष्ठ

अगर आप किसी क्षेत्र में श्रेष्ठ हैं, तो हैं। अपनी बेहतरी का गैरजरूरी प्रदर्शन मत कीजिए। आप जानते हैं, मौन भी एक किस्म का संवाद है। जो बहुत सारी अनर्गल बातों का, गैर जरूरी सवालों का श्रेष्ठतम जवाब होता है। मैंने कभी किसी को जाकर नहीं कहा कि देखों मैं सबसे ऊँचा हूँ। मैं चुप रहता हूँ और दुनिया मेरे बारे में बोलती है। आप भी बोलने में अपनी शक्ति बर्बाद करने की बजाय ऊँचा उठकर देखिए, बोलने का काम दुनिया वाले खुद करेंगे।

स्वीकार करो

आप मुझसे बात कर रहे हैं तो जानते ही होंगे कि मैं दुबई में रहता हूँ। इस शहर की कई विशेषताओं में एक खासियत है कि यहाँ 200 अलग-अलग राष्ट्रों से ताल्लुक रखने वाले लोग एक साथ रहते हैं, काम करते हैं, सामुदायिक आयोजनों में भागीदारी करते हैं, खरीदारी करते हैं, जश्न मनाते हैं पर लड़ते नहीं है। कई बार जब एक ही परिवार के लोग मेरे ईर्द-गिर्द से निकल रहे होते हैं, मैं देख पाता हूँ कि एक-दूसरे के नजदीक होने के बावजूद वह एक-दूसरे से दूर हैं। जब हम बेगानों को अपना बना सकते हैं तो अपनों को उनकी कमियों और कमजोरियों के साथ क्यों नहीं स्वीकार कर सकते?

जरा संभलो और संभालो

मैं बहुत ऊँचा हूँ न तो बहुत दूर तक देख लेता हूँ। कभी-कभी आपके घर के अंदर भी ताक-झांक कर लेता हूँ क्या करूँ? जो मेरे पास आते हैं वह तो फोन में लगे रहते हैं, कभी-कभी दूर तक देखता हूँ तो घर के सोफे पर बैठकर कुछ लोग फोन से खेल रहे होते हैं, जो मेट्रो मेरे करीब से गुजरती है, उसमें सफर कर रहे लोग भी फोन पर गाने सुनते रहते हैं, कुछ लोग मैसेज कर

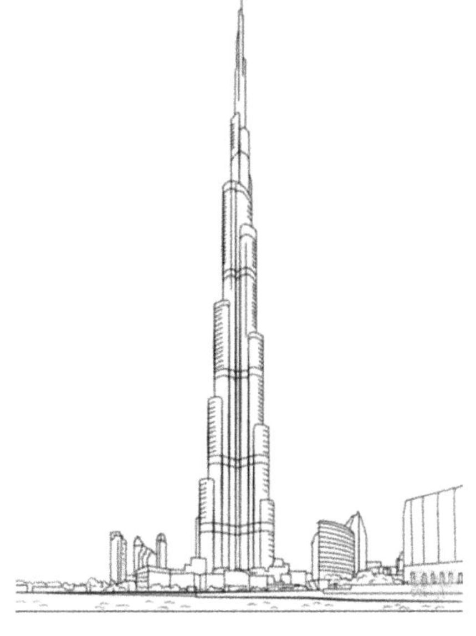

रहे होते हैं। यही हाल बच्चों का हैं, उन्हें भी गेम और वीडियो से फुर्सत नहीं है। अरे खुद सँभलो और बच्चों को सँभालो। उन्हें बताओ कि स्क्रीन के बाहर एक असली दुनिया है। जहाँ असली लोग रहते हैं, उन्हें स्क्रीन से बाहर निकालो। पेड़ों, पंछियों से उनकी मुलाकात करवाओ। बादलों की कलाकारी बताओ, तितलियों के चटक रंग दिखाओ।

दौड़ का अंत नहीं

आज कल हर कोई सबसे ऊँचा सबसे बड़ा बनना चाहता हैं। तुम्हें पता है, जब मैं नहीं था तो दुनिया की सबसे ऊँची इमारत का खिताब किसी और के पास था। कल फिर ये खिताब कोई और इमारत मुझसे ले लेगी। इस दौड़ का कोई अंत नहीं। हम तो फिर भी ईंट-पत्थरों की इमारतें हैं, हमारी जिंदगी तुम्हारी जिंदगी से लंबी होती है। तुम इंसान हो, जिंदगी सीमित है और दौड़ असीमित। थोड़ा ठहरो और बड़ी के साथ छोटी बातों को अहमियत देना सीखो, नन्हीं कल्पनाओं में रंग भरकर देखों, झुर्रियों वाले गालों को कभी सहलाकर देखो, कभी घर लौटकर बचपन की गलियों में दोबारा खेलो और जियो।

ऊँचा उठने की आकांक्षा बहुत जरूरी है, उतना ही जरूरी है जीवन में सुकून। अपने लिए दौड़ो, अपनी ताकत पहचान कर दौड़ो और अपने रास्ते पर दौड़ो। बात मानकर देखो ज्यादा मजा आएगा। फिर जब इस दौड़ से परे कुछ सुकून चाहिए हो तो आ जाओ मुझसे मिलने और मेरी ऊँचाई से क्षितिज की ओर देखो। जहाँ धरती और आसमान ऊँचाई का फर्क भूलकर मिल जाते हैं।

- अनन्य यू.ए.ई. के नवम्बर-दिसम्बर 2022 अंक में प्रकाशित

हाइकु-गज़ल कार्यशाला (रिपोतार्ज)

कौसर भुट्टो

'अनन्य यू.ए.ई.' तथा 'लोटस ब्लूम पब्लिकेशन' के संयुक्त तत्वाधान में श्री कुलभूषण व्यास जी के शारजाह स्थित निवास स्थान पर भारत में हाइकु को जनसामान्य में लोकप्रिय करने वाले प्रमुख साहित्यकारों में से एक, श्री कमलेश भट्ट 'कमल' जी के सम्मान में एक काव्य गोष्ठी का आयोजन रविवार 13 नवम्बर, 2022 को किया गया। हिंदी हाइकु, लोक साहित्य एवं नवगीत के क्षेत्र में विशेष योगदान रखने वाले डॉ. जगदीश व्योम जी ने भी कमलेश भट्ट जी के यू.ए.ई. पधारने की सूचना दी थी और अनन्य यू.ए.ई की संपादिका डॉ. आरती व अन्य उत्साहित रचनाकारों ने इस अवसर को हाथों-हाथ लिया।

कार्यक्रम की अध्यक्षता श्री कुलभूषण व्यास जी द्वारा की गई। कार्यक्रम का शुभारम्भ श्री कमलेश जी और अन्य मान्यवरों के द्वारा माँ वीणापाणि को माल्यार्पण तथा द्वीप प्रज्वलित कर किया गया। डॉ. मंजु सिंह ने अपनी मधुर आवाज में सरस्वती वंदना गाकर माँ ज्ञान की देवी का आह्वान किया। अध्यक्षीय भाषण में श्री व्यास ने जापानी काव्य विधा हाइकु के भारत में प्रचार और प्रसार के इतिहास के बारे में सबको अवगत कराया और इसमें श्री कमलेश भट्ट कमल जी के मूल्यवान

योगदान के बारे में बताया।

डॉ. नितिन उपाध्ये ने मुख्य अतिथि श्री कमलेश भट्ट 'कमल' जी के साहित्यिक एवं व्यक्तिगत व्यक्तित्व का विस्तृत परिचय दिया। डॉ. आरती गोयल 'लोकेश' ने यू.ए.ई., भारत तथा विश्व में हाइकु विधा की स्थिति पर आदरणीय पूर्णिमा वर्मन द्वारा लिखा हुआ आलेख पढ़ा। राष्ट्रपति द्वारा सम्मानित पूर्णिमा जी (अनुभूति और अभिव्यक्ति ई-पत्रिका की सम्पादिका) का यह आलेख तत्कालीन पत्रिकाओं और पुस्तकों में संग्रहीत है।

डॉ. आरती 'लोकेश' के संचालन में करीब ३ घंटे तक चले इस कार्यक्रम में कवियों ने हाइकु , गजल व कविताएँ सुनाकर समा बाँधा। सुश्री स्नेहा देव, श्री व्यास, डॉ. नितिन तथा डॉ. आरती 'लोकेश' ने हाइकु प्रस्तुत किए। डॉ. मंजु ने हिन्दी हाइकु कोश में प्रकाशित, हिन्दी में अनूदित जापानी भाषा के हाइकु पढ़े। यह अनुवाद डॉ. सत्यभूषण वर्मा द्वारा किया हुआ है। कवयित्री देवयानी रानी, निशा गिरि तथा श्वेता जागेटिया ने कविताओं से शाम सजाई। कवयित्री कौसर भुट्टो ने अपने दादाजी जनकवि मोहम्मद सदीक भाटी जी की गजल सुनाई। कमलेश भट्ट 'कमल' जी के परम मित्र व शायर मधुवेश जी ने गजल व शेर सुना कर शाम को और रंगीन बना दिया।

श्री कमल जी ने अपनी साहित्यिक यात्रा के बारे में रोचक जानकारी दी, जिसमें उनके द्वारा अनेक महान साहित्यकारों, सुश्री महादेवी वर्मा, श्री उपेंद्र नाथ अश्क, श्री फिराक गोरखपुरी, श्री गोपाल प्रसाद नीरज आदि से साक्षात्कार लिए गए थे। उन्होने भारत में प्रोफेसर सत्यभूषण वर्मा से भेंट का उल्लेख किया जिसके बाद उन्होंने हाइकु के क्षेत्र में कार्य प्रारम्भ किया। हाइकु क्या हैं, कैसे लिखे जाते हैं, इन

सब के बारे में बहुत ही आसान तरीके से समझाया। आपने अपने कुछ हाइकु और ग़ज़लें सुनाई।

मुख्य अतिथि कमलेश भट्ट जी ने डॉ. जगदीश व्योम द्वारा रचित हाइकु कोश ग्रंथ तथा अपनी पुस्तकें बाल उपन्यास 'जंगल का लोकतंत्र' व बाल कहानियाँ

'200 साल का आदमी' यू.ए.ई. साहित्य परिवार को भेंट करते हुए आरती जी के सुपुर्द कीं। डॉ. आरती 'लोकेश' ने अपनी सद्यप्रकाशित पुस्तक 'कथ्य अकथ्य' श्री कमलेश भट्ट जी को भेंट की।

कार्यक्रम के अंत में कवियों ने श्री कमलेश जी से हाइकु विधा से संबंधित प्रश्न पूछे। कुलभूषण जी की धर्मपत्नी श्रीमती अनुराधा व्यास के आतिथ्य सत्कार भाव से सबके हृदय गदगद हो गए। श्री कमलेश के सुपुत्र श्री विशाख भट्ट का कार्यक्रम आयोजन में सहयोग बराबर बना रहा। सबका ज्ञानवर्धन कर तथा हाइकु पर गंभीरता से काम करने को प्रेरित कर, मधुर स्मृतियाँ देकर यह शाम विदा हुई।

– अनन्य यू.ए.ई. के नवम्बर-दिसम्बर 2022 अंक में प्रकाशित

यात्रा वृत्तांत

लुवोर म्यूज़ियम आबु धाबी में भारतीय संस्कृति

डॉ. आरती 'लोकेश'

एक बार फ्रांस जाकर भी लुवोर म्यूज़ियम देखने से चूक गए थे तो व्याकुल मन यू.ए.ई. की राजधानी आबुधाबी में इसे देखने को मचल उठा और इसके भ्रमण को मैं सपतीक पहुँची। संग्रहालय में भिन्न-भिन्न देशों की बहुत सी नायाब कलाकृतियाँ, मूर्तियाँ, हस्तशिल्प, चित्रकारी व कारीगरी देखने को मिली। भारत पूरे गौरव के साथ बहुत-सी पुरातन शिल्पकृतियों को लेकर वहाँ उपस्थित दिखा तो मन आनंद से भर गया। गौतम बुद्ध की भाँति-भाँति की मूर्तियाँ अलग-अलग देशों से लाकर संग्रहीत की गई थीं। मूल रूप से भारत में उपजा बौद्ध धर्म किस प्रकार विश्व में फैला, यह देखकर बहुत संतोष हुआ। इस वृत्तांत में मैं 'लुवोर म्यूज़ियम' में प्रदर्शित बौद्ध अवशेषों का उल्लेख करूँगी।

1) ब्रह्माण्ड के धर्म में दया मूलभूत गुण है। बौद्ध धर्म में बोधिसत्त्व के आदर्श के द्वारा इसे स्थापित किया गया है। गांधार, पाकिस्तान से लाई गई बोधिसत्त्व मूर्ति 136 सेंटीमीटर ऊँची है। इसका निर्माण 'कुश' वंश के शासनकाल में ईसापूर्व 100 से 300 वर्ष के मध्य हुआ।

2) गांधार, पाकिस्तान से बुद्ध का यह शीश 'कुश' वंश के शासनकाल में ईसापूर्व 100 से 300 के मध्य बना है। यह आध्यात्मिकता को बढ़ाने वाला तथा शरीर व मन के संतुलन को कायम करते हुए मनुष्य को लालच व इच्छाओं से मुक्त करता है।

3) भारत के महाराष्ट्र राज्य के अमरावती शहर से लाया गया 130 सेंटीमीटर ऊँचा यह अबशेष बौद्ध स्तूप का अंश है। पत्थर का यह टुकड़ा सन् 100 से 300 के बीच में निर्मित है। इस पत्थर पर बौद्ध धर्म के उद्देश्य उभरे हुए हैं। पहिएनुमा आकृति सूर्य का प्रतिरूप है, जो सम्राट अशोक के राजचिह्न से भी समबद्ध है। अन्य आकृतियाँ बुद्ध, बौद्ध उपदेश और मठों को दर्शाती हैं। नीचे की ओर बना

सिंहासन भी मनुष्य रूप में बुद्ध की उपस्थिति का अहसास कराता है।

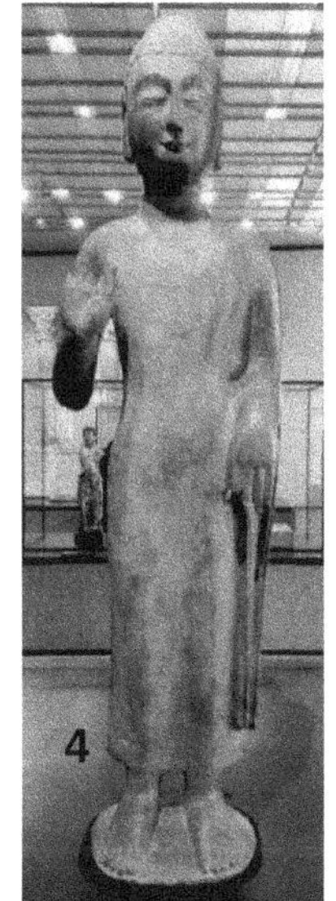

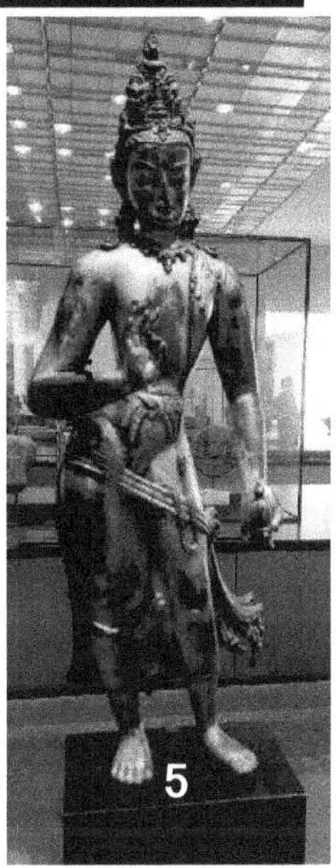

4) चीन से लाई गई बुद्ध की यह प्रतिमा 'उत्तरी क्यी राजवंश' द्वारा वर्ष 550-557 के दौरान चूने पत्थर से बनाई गई थी।

5) 1100-1200 के मध्य नेपाल में बनी यह प्रतिमा मैत्रेय की है। ऐसा माना जाता है कि यह आने वाले समय के बुद्ध हैं, इनका समय भविष्य में आएगा। इसे 'मालिया' राजवंश द्वारा बनवाया गया था।

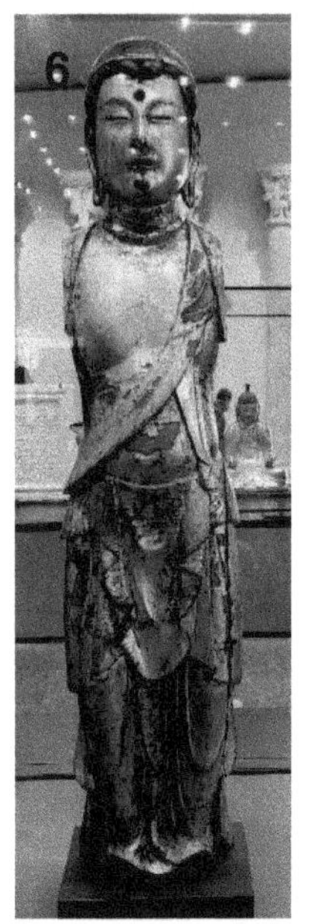

6) लकड़ी, लाख और सोने से बनी यह राजसी वेश में बोधिसत्त्व की मूर्ति जापान में सन् 1100-1200 में निर्मित हुई थी। 'करुणा के बोधिसत्व' का यह रूप एक मंदिर में स्थापित था। दैवीय जगत और मानवीय संसार की मध्यस्थता करने वाले बोधिसत्त्व सबसे अधिक पूज्य हैं, जिनका उद्देश्य मनुष्य को निर्वाण प्राप्ति को प्रेरित करना है।

7) नटराज (नृत्य करते भगवान शिव) की काँसे की यह 76 सेंटीमीटर लंबी मूर्ति तमिलनाडु में वर्ष 950-1000 के मध्य बनाई गई थी। भगवान शिव भयावह तथा परोपकारी, दोनों रूपों में हिन्दू धर्म में पूजे जाते हैं।

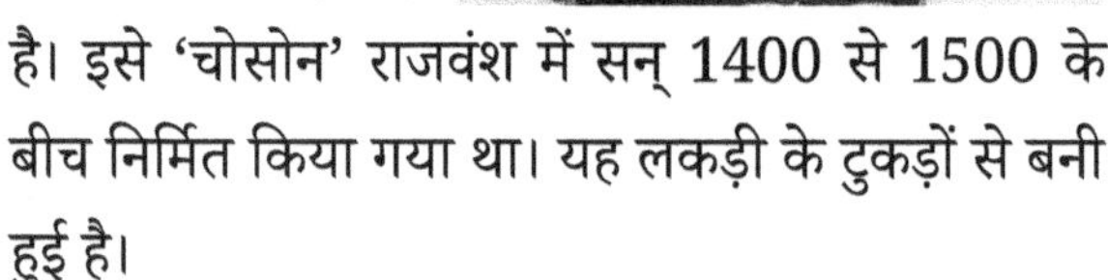

8) समाधिस्थ बुद्ध की यह प्रतिमा कोरिया से लाई गई है। इसे 'चोसोन' राजवंश में सन् 1400 से 1500 के बीच निर्मित किया गया था। यह लकड़ी के टुकड़ों से बनी हुई है।

9) बौद्ध सूत्र की मौलिक पाण्डुलिपि, जिसमें आदर्श विवेक के सूत्र अंतर्निहित हैं, 'पाला' राजवंश द्वारा पूर्वी भारत में 1191 में रची गई थी।

10) 'ग्वानीन' बोधिसत्त्व (करुणा मूरत) की यह प्रतिमा चीन देश के उत्तरी 'सॉन्ग' राजवंश के दौरान 1050-1150 के मध्य बनाई गई। यह लकड़ी को कुरेदकर बनाई गई है। इस भंगिमा में सीधे हाथ से निडरता का संकेत किया जा रहा है।

11) लाल बलुई पत्थर से बना बुद्ध का 195 सेंटीमीटर का सिर गुप्त वंश के दौरान सन् 400 से 500 के बीच बनाया

गया। उत्तरी भारत के मथुरा क्षेत्र से इसे लाया गया है। इसमें बुद्ध ध्यान की अवस्था में हैं। उनकी अधखुली आँखें उन्हें आलौकिकता प्रदान करती हैं।

12) इसके साथ ही सफ़ेद संगमरमर से बना बुद्ध का 151 सेंटीमीटर का सिर पूर्वी चीन से लाया गया। छठी शताब्दी में सन् 530 से 580 के दौरान यह 'क्यी' वंश द्वारा बनवाया गया। उत्तरी चीन के चैपल मंदिर में यह प्रतिष्ठित

हुआ करता था।

13) महावीर जैन की योग-ध्यान में स्थिर यह भव्य प्रतिमा 'चोल' राजवंश द्वारा भारत के तमिलनाडु में सन् 1000-1100 के भीतर बनवाई गई।

14) ध्यानमग्न बुद्ध की यह मूर्ति, जिसमें लोककथा के अनुसार बुद्ध की रक्षा स्वयं नागदेव कर रहे हैं, कंबोडिया से लाई गई है। यह 111 सेंटीमीटर ऊँची बलुई मिट्टी

से वर्ष 1100-1150 के दौरान बनी है।

15) थाईलैंड से आई बुद्ध मारविजय की यह खूबसूरत प्रतिमा काँसे की बनी हुई है। इसे वर्ष 1400 से 1500 के बीच बनाया गया था।

- अनन्य यू.ए.ई. के अक्टूबर 2022 अंक में प्रकाशित

समीक्षा

नारी की विडंबना का प्रतिबिंब : उपन्यास 'कारागार'

डॉ॰ उर्मिला देवी चौधरी

'यह दुनिया कितनी भी बदल जाए, लेकिन औरत की कहानी अब भी सदियों पुरानी है।'[1] डॉ. आरती 'लोकेश' के ये शब्द लंबे समय से चली आ रही नारी की विडंबना परक स्थिति की ओर इंगित करते हैं। अब प्रश्न यह उठता है कि आधुनिक युग तो बदल रहा है इसमें नारी को वे सभी सम्मान प्राप्त हैं जिनकी वह अधिकारिणी है। फिर नारी चिंतन या विमर्श की आवश्यकता ही क्यों? तो इसका सीधा-सीधा उत्तर यही है कि स्त्री चाहे किसी भी वर्ग या युग की क्यों न हो, उसकी अपने अस्तित्व की लड़ाई तो माँ की कोख से ही शुरू हो जाती है, जो जीवन पर्यन्त चलती है। दु:ख तो इसी बात का है कि जब नारी को अधिकार प्राप्त नहीं थे, तब भी वह शोषण का शिकार थी। आज प्राप्त होने के बावजूद भी अपनी लड़ाई स्वयं लड़ रही है क्योंकि वे सभी अधिकार सिर्फ सिद्धांतों में है जबकि व्यवहारिक रूप बिल्कुल इसके विपरीत है। कन्या भ्रूण हत्या, बाल उत्पीड़न, यौन शोषण, स्त्री व्यापार आदि आज भी हमारे आस-पास चल रहा है। 'कारागार' उपन्यास का कथावस्तु भी नारी के इसी शोषण का प्रतिबिंब है। जिसमें हम उपन्यास की प्रधान नायिका चारु, उसकी माँ सुषमा तथा उसकी गोद ली हुई पुत्री शुभदा के रूप में तीन पीढ़ियों की स्त्रियों को उत्पीड़न का शिकार देखते हैं।

---

[1] पृष्ठ जिल्द, कारागार

निम्नमध्यवर्गीय परिवार से संबंध रखने वाली मातृपितृ विहीन सुषमा बचपन से ही संघर्ष करते हुए बड़ी होती है। उसी के शब्दों में, "भैया को मिलने वाली जीरे सी तनख्वाह से रोटी ही खानी मुश्किल, तो घर का बाकी खर्च कैसे चले। तब मैंने मौसी के घर के चौके-चूल्हे का सारा काम संभाल लिया। झाड़ू-बुहारी की। उसके एवज में हम चारों भाई बहनों को गिनकर दो-दो रोटी कभी नमक, कभी प्याज से मिला करती।"[2]

विधाता भी कभी कभी किसी के भाग्य में सिर्फ दु:ख और संघर्ष ही लिखता है। आर्थिक तंगी के कारण शिक्षा ग्रहण करने में भी कठिनाई का सामना करना पड़ता है। "पढ़ाई करने का कोई साधन नहीं था। न फीस, न यूनिफॉर्म, न किताबें, न समय। ...सबसे बड़ी बहन ने, जो पहले से शादी शुदा थीं, किसी तरह पैसे बचाकर दसवीं की प्राइवेट परीक्षा का फॉर्म भरवा दिया।"[3] उसकी आगे की पढ़ाई भी जैसे-तैसे चलती रही। घर खर्च में भाई का हाथ बँटाने के ख्याल से एन.डी.एस.आई. प्रशिक्षण के दौरान वह 'मिस शिमला ब्यूटी कॉन्टेस्ट' में भाग लेने का निर्णय लेती है। "मुझे कॉन्टेस्ट में न जाने के लिए तरह-तरह से धमकाया-डराया गया। मगर तब पता नहीं आत्मनिर्भरता की कौन-सी धुन मेरे सिर पर सवार थी कि मैंने एक न सुनी। कॉन्टेस्ट जीत भी गई तो किसी को कोई खुशी नहीं हुई। हाँ, उस जीत के आधार पर प्रताप द्वारा विवाह का प्रस्ताव आया तो घरवालों ने मेरे गुनाह को माफ करने की दिलेरी दिखाई।"[4] उसका भाई भी यह सोचकर कि लड़का डलहौजी म्युनिस्पलिटी में कार्यरत है, और उसकी बहन खुश रहेगी; बिना दान दहेज के विवाह संपन्न हो जाता है। प्रारम्भ में सब कुछ ठीक चलता है परन्तु विवाह के दो वर्ष पश्चात जब वह गर्भवती होती है तो पति में अचानक आए बदलाव को महसूस करती है। "उनके अनुसार मैं 'मिस शिमला' थी। बहुत से यार होंगे। किसी और के बच्चे को उन पर थोप रही हूँ।" समय के चलते उसे अपने पति के इस तरह उस पर लांछन लगाने का कारण पता चलता है तो उसके पैरों के नीचे से जमीन खिसक जाती है।

---

[2] पृष्ठ. सं.- 88, 'उधार का प्यार', कारागार

[3] पृष्ठ. सं.- 88, 'उधार का प्यार', कारागार

[4] पृष्ठ. सं.- 90, 'उधार का प्यार', कारागार

अपने पति के विवाहेतर संबंध को वह किसी भी हाल में स्वीकार नहीं कर पाती। अपने बूढ़े सास-ससुर का ख्याल कर वह इस विषय पर चुप्पी साध लेती है। पति के इस कुकृत्य को नज़र अंदाज़ कर, चारु और मंजू दो सुंदर बेटियों की माँ बन वह अपनी गृहस्थी की गाड़ी आगे चलाती है। पर शायद ईश्वर को यह मंजूर नहीं होता, एक रात कोई घर में घुस कर उसके पति प्रताप की क्लोरोफॉर्म सुंघा कर निर्मम हत्या कर देता है। पुलिस शक की बुनियाद पर बेगुनाह सुषमा और उसके ससुर को ही गिरफ्तार कर कारागार में डाल देती है। भरापूरा परिवार एक दम से बिखर जाता है। मासूम बच्चियाँ चारु और मंजु अपनी दादी के पास अकेले रह जाती हैं। वे किसी तरह दिन काट रही थीं पर तभी एक और अनहोनी घटना घटती है। एक दिन चारु अपनी बहन के साथ खेलते-खेलते चूल्हे पर उबलते हुए दूध के कड़ाहे में जा गिरती है। मरणासन्न स्थिति में उसे अस्पताल पहुँचाया जाता है। "आँखों के अलावा पूरा शरीर सफेद पट्टी से लिपटा था। वह पट्टी भी रक्त के धब्बों से दागदार हुई जाती थी। पूरे 48 घंटे निरीक्षण में रखने के बाद ही चिकित्सक भरोसे के साथ कह पाए कि चारु के बचने की संभावना है।"[5] काफी समय अस्पताल में ही गुजारने के बाद चारु को घर ले जाया जाता है। "एक कंकाल से अधिक कुछ नहीं दिखाई देती थी। चारु बदल गई थी, बाहरी तौर पर और अंदरूनी तौर पर भी।" वह शारीरिक रूप से स्वस्थ तो हो जाती है परंतु जिस सुंदरता को देख कर दादा-दादी ने उसका नाम रखा था वह कहीं खो जाती है। उधर सबूतों के अभाव में चारु के दादा को जेल से रिहाई मिल जाती है। घर आते ही वे चारु की सुरक्षा को ध्यान में रखते हुए उसे उसके चाचा-चाची के पास भेजने का निर्णय लेते हैं। पूर्व में घटित घटना के कारण दादी भी इस बात का समर्थन करती है और चारु को देहरादून भेज दिया जाता है।

---

5 पृष्ठ. सं.- *57, 'मुरझाए लम्हे', कारागार*

वहाँ "चारु को रहने के लिए अलग कमरा मिला। कमरे में सुंदर सा पलंग, अलमारी, पढ़ने को कुर्सी मेज़, खिलौने सब कुछ मिला, बस माँ की ममता ही न मिली। चाचा के रहते अच्छे स्कूल में दाखिला भी मिला।...चाचा से सजग देखभाल तो मिलती थी, प्यार नहीं।"[6] जिसके लिए वह अबोध बालिका तरसती रहती है।

वहाँ पर वह अपने चाचा के बॉस व वन अनुसंधान संस्थान के महाप्रबंधक मिश्रा द्वारा बाल उत्पीड़न का शिकार होती है। इस हादसे के बाद तो चारु बिल्कुल गुमसुम हो जाती है। यह देखकर उसके चाचा उसे वापस डलहौजी भेजने का फैसला करते हैं क्योंकि तब तक सुषमा को भी बेगुनाह के रूप में रिहाई मिल जाती है। जीवन में कितनी ही बड़ी मुसीबत क्यों न आई हो, माँ के आँचल की सुखद छाया में इन्सान सब कुछ भूल जाता है। चारु भी अपना अतीत एक बुरा सपना समझ कर भुला देती है। वहाँ पर आकर वह अपनी औपचारिक शिक्षा के साथ ही संगीत की शिक्षा भी ग्रहण करती है। संगीत शिक्षा के दौरान उसकी मित्रता एक मयंक नामक युवक से हो जाती है। जिसे वह अपना दिल दे बैठती है परन्तु मयंक की ओर से विपरीत भाव पाकर उसके हृदय को आघात पहुँचता है। मयंक के द्वारा कहे गए शब्द बार बार उसके दिमाग में गूंजते है। "मैं अपनी ज़िन्दगी जीना चाहता हूँ, बर्बाद करना नहीं। सूरत देखी है अपनी?..डूब मरना चाहिए तुम्हें।"[7]तो दूसरी तरफ उसकी माँ का अकस्मात निधन उसे घोर निराशा के दलदल में धकेल देता है। "कष्ट और पीड़ा जहाँ मनुष्य को मजबूत बनाती है, वहीं अत्यधिक और असहय पीड़ा मनुष्य को तोड़ कर रख देती है।" चारु आत्महत्या की कोशिश करने जैसा जघन्य अपराध कर बैठती है। जिसके परिणमस्वरूप उसे एक वर्ष की कारागार की सजा मिलती है। कारागार में पहुँच कर उसे अपनी कायरता पर बड़ा पछतावा होता है। वह सोचती है "अगर माँ आज जीवित होती तो मुझे इस हाल में देखकर उन्हें कितनी निराशा होती। कितनी यातनाएँ सहकर भी जीवित रहीं। और ऐसी अदम्य साहसी स्त्री की बेटी मैं? रत्ती भर अवहेलना पर कुंठा से ग्रस्त हो गई?"[8] आत्म ग्लानि से मुक्ति पाने के लिए जेल में

---

[6] पृष्ठ. सं.- *59-60, 'मुरझाए लम्हे', कारागार*

[7] पृष्ठ. सं.- 118, *'गुनगुनाते कंटक', कारागार*

[8] पृष्ठ. सं.- *162, 'कारागार', कारागार*

वह कर्मठता का परिचय देती है। इसी से प्रभावित होकर जेलर तिवारी और इंस्पेक्टर भोला उसके सामने 'मिशन मंजूषा' का प्रस्ताव रखते हैं। जिसका उद्देश्य स्त्री व्यापार के अपराधियों गोविंद और अरविंद को सज़ा दिलाना था। पहले तो चारु मिशन का सुन कर घबरा जाती है। परन्तु अपने निरर्थक जीवन का विचार कर यह कहकर प्रस्ताव स्वीकार कर लेती है कि "मुझे देश की सेवा करने का अवसर मिले यह मेरे लिए सौभाग्य की बात है। मैं अपने प्राणों की परवाह किए बिना कार्य को अंजाम देने का वचन देती हूँ।"[9] इस मिशन के अंतर्गत वह दोनों अपराधियों को उनके पापों की सजा दिलाने में सफल होती है। अनेक मासूम बच्चियों की जान बचा कर वह स्वयं पर गर्व महसूस करती है तो दूसरी तरफ उसे यह जानकर बेहद दुःख होता है कि गोविंद की पुत्री के रूप में जिस शुभदा का परिचय उससे करवाया गया था, वास्तव में वह भी स्त्री व्यापार का ही हिस्सा थी। उसे "नवीमाल नामक कस्बे के एक अनाथ आश्रम से अपहरण कर लाया गया था।"[10] वह मासूम बच्ची भी उनकी हैवानियत का शिकार होती है। चारु जब शुभदा से मिलने हॉस्पिटल जाती है तो उसे ऐसी हालत में देखकर मातृत्व स्नेह से विह्वल हो उठती है। लेखिका के शब्दों में, "यह है प्रकृति का कारागार जो बड़ा कारगर है, जहाँ छिपी है स्नेह की रत्नजड़ित मंजूषा।"[11] उसका यही स्नेह शुभदा को अपने से दूर करने की आज्ञा नहीं देता। वहीं वह उसे विधिवत गोद लेने का निर्णय लेती है। हॉस्पिटल में "एक बार बोले गए 'आई' शब्द ने दो मनुष्यों के जीवन में अद्वितीय परिवर्तन कर दिया। दो ज़िन्दगी संवर चली थीं। एक को माँ मिली तो एक को बेटी।"[12]

सरकार के द्वारा चारु को उसकी बहादुरी पर वीरांगना पुरस्कार व दस लाख रुपए की नकद राशि के रूप में सम्मानित किया जाता है। अब चारु को शुभदा के रूप में जीवन जीने का उद्देश्य मिल जाता है। शुभदा का स्कूल में दाखिला करवाने के साथ-साथ स्वयं भी आगे की पढ़ाई शुरू कर देती है। वहीं उसका परिचय विपुल से

---

[9] पृष्ठ. सं.- *169*, 'कारागार', कारागार

[10] पृष्ठ. सं.- *196*, 'मिशन मंजूषा', कारागार

[11] पृष्ठ. सं.- 200, 'प्रदीप्त उषा', कारागार

[12] पृष्ठ. सं.- 200, 'प्रदीप्त उषा', कारागार

होता है। जिससे वह बड़ी बेरुखी से पेश आती है। क्योंकि अब तक जो कुछ उसके जीवन में घटित होता है उसका दोषी वह पुरुष वर्ग को ही मानती है। परन्तु सभी पुरुषों को एक कटघरे में खड़ा करना भी तर्क संगत नहीं है। विपुल का चारु के प्रति अनन्य प्रेम उसके विचार बदलने पर विवश करता है तो दूसरी तरफ चारु का अतीत जानकर विपुल उसके प्रति अत्यंत श्रद्धा एवं गर्व का भाव महसूस करता है। "तुम देवी हो चारु। तुमने स्त्री जाति की रक्षा की खातिर अपना सर्वस्व न्यौछावर किया है।"[13] वह चारु को अपनी भावी पत्नी के रूप में स्वीकार कर स्वयं को धन्य समझता है। इसी के साथ ही उपन्यास का कथावस्तु संपूर्णता को प्राप्त करता है।

उपन्यास को पढ़ते हुए पाठक ऐसा महसूस करता है कि जैसे वह उपन्यास न पढ़ कर कोई फिल्म देख रहा हो, और इसका श्रेय घटनाओं के सजीव चित्रण को दिया जा सकता है। क्योंकि उपन्यास को पढ़ते समय ऐसा अनुभव होता है जैसे प्रत्येक शब्द दृश्य बन कर पाठक की आँखों की पुतलियों पर प्रकट हो रहे हों।

- अनन्य यू.ए.ई. के सितम्बर 2022 अंक में प्रकाशित

---

[13] पृष्ठ. सं.- 212, 'प्रदीप्त उषा'; कारागार

सम्पादकीय

उड़ान और यात्रा (अगस्त 2022)

डॉ. आरती 'लोकेश'

उड़ते परिंदे! तू कब सीखा, फुर्र से नील गगन में उड़ना,
यात्रा के हर इक पड़ाव में, नए-नए खगवृंद से जुड़ना।

भारतीय कौंसलावास न्यूयॉर्क से 'अनन्य' पत्रिका के प्रकाशन की खबर विश्व भर के हिंदी प्रेमियों के लिए उमंग की तरंग बनकर आई। अपने नाम के अनुरूप वास्तव में 'अनन्य' जैसा कोई और नहीं है। पत्रिका अपने प्रवेशांक से ही 'हिंदी से प्यार है' का बिगुल बजाकर सर्वसाधारण में लोकप्रिय हो चुकी है। हिंदी जगत में इसका पूरे जोश-ओ-खरोश से स्वागत किया गया है। पक्षी अंडे से निकलने के बाद कुछ दिन में ही उड़ना सीख जाते हैं। 'अनन्य' ने भी अपने पंख पसारे और माह के अंतराल में उड़ान की इस नई यात्रा में पहला पड़ाव चार अन्य देशों के साथ हमारी कर्मभूमि संयुक्त अरब अमीरात (यू.ए.ई.) बना है।

स्थानीय संपादक का कार्यभार सँभालने का आदरणीय अग्रज श्री अनूप भार्गव जी का प्रस्ताव स्वीकार करने पर यू.ए.ई. के सभी रचनाकारों ने इसे हाथोंहाथ लिया और इस शुभारंभ पर अतिशय आनंद जताते हुए हार्दिक शुभकामनाएँ प्रेषित कीं। एक नियमित पत्रिका की आवश्यकता तो कब से महसूस की जा रही थी। सही ही कहते हैं कि हर कार्य का एक समय निश्चित होता है, उससे पूर्व उपलब्धि नहीं होती। शिलान्यास के कुछ ही दिनों में रचनाओं का ताँता लग गया जिससे आह्लाद के अतिरिक्त आश्वस्ति भी मिली कि 'अनन्य यू.ए.ई.' अध्याय 'अनन्य' विश्व के सहयोग से फलता-फूलता रहेगा।

स्वतंत्रता दिवस के अमृत महोत्सव यज्ञ में एक लघु आहुति के रूप में यू.ए.ई. की उत्तम रचनाएँ अनन्य यू.ए.ई. के प्रवेशांक में आपको पढ़ने को मिलेंगी। स्वतंत्रता दिवस, रक्षा बंधन, श्रावण मास तथा अन्य कई सामयिक रचनाएँ आपकी पठनाकांक्षा को पोषित करेंगी। कहानी, कविता, गीत, व्यंग्य, चित्र रचना आदि कई विधाओं का मुक्ताहार अरब की खाड़ी से आपकी सेवा में प्रस्तुत है।

जा पंछी! उन्मुक्त कंठ से, संगीत के सुर दे सजा,
ताल में ताल मिला दोस्ती, प्रेम की लहराए ध्वजा।

बिंदु से रेखा तक (सितम्बर 2022)

डॉ. आरती 'लोकेश'

दिखे नहीं जो बिंदु वही, करता ग्रंथ का आरंभ,
शिशु रेखा खींच करता, रचना जगत का प्रारंभ।

बूँद-बूँद से समुद्र बनता है, कण-कण से पहाड़ तो एक-एक पौधे से हरी धरती। एक-एक फ़ोटॉन से इंद्रधनुष बनता है, तिनका-तिनका जोड़कर पक्षी घोंसले का निर्माण करते हैं तो एक-एक रेखा खींचकर चित्रकार चित्र का। एक रेखा की यात्रा भी एक बिंदु से ही शुरु होती है। अनेक बिंदुओं से जुड़ते हुए पहले बिंदु की ऊष्मा चलायमान रहती है और कृति के साथ ही कृतिकार को ऊर्जा देती है। उस पहले बिंदु की पहचान करना, उसे बढ़ावा हमारा कर्त्तव्य हो जाता है ताकि वह राह में रुककर बैठ न जाए, सतत आगे बढ़ता जाए। अत: इस अंक में बालकों की सुगढ़तारहित रचनाओं को भी स्थान मिला है।

इसी यात्रा की कड़ी में हाल ही में गए 'हिंदी दिवस' को मनाते हुए यू.ए.ई. के बालकवियों ने भी अपनी रचनाओं के माध्यम से 'हिंदी से प्यार है' की उद्घोषणा की है। साथ ही अपने गुरुओं के प्रति प्रेम दर्शा कर 'शिक्षक दिवस' को भी अर्थपूर्ण बनाया है। ऐन मेरी जोसफ और एंजेलीना जिनेश जॉर्ज दुबई की धरती पर उगे ऐसे ही दो फूल हैं जिन्होंने पालने में ही कलम थाम ली है। इन बच्चों की कविताएँ मुझे यूँ भा गईं कि ये अहिंदीभाषी होते हुए हिंदी से इतना प्रेम करते हैं। इसी क्रम में अंत में नौ वार्षीय माधव कृष्णा की नन्ही तूलिका के लघु प्रयास भी सम्मिलित हैं।

आदिवासी स्त्री की केश-सज्जा, आभूषण, बनाव-शृंगार, मुखाकृति तथा मन के भावों को परिलक्षित करती, दक्षिण भारतीय प्रसिद्ध चित्रकार जयशंकर टी. एस. की चित्रकारी ने बहुत से कवियों को लेखनी थामने को गतमाह बाध्य किया। उनमें से कुछ को इस अंक में स्थान मिला है। शब्बीर मुनव्वर, कौसर भुट्टो ने मानो परकाया प्रवेश कर उन मूक भावों को वाणी दी जो यह चित्रलिखित कामिनी से उद्वेलित रहीं। तुषार पिपरे की संदेशपरक कविता भी आगे बढ़ने को प्रेरित करती है। कथा जगत के पाठकों को मीरा ठाकुर की लघुकथा अवश्य पसंद आएगी जो कई संवेदनाओं को शब्दों का रूप दे

रही है। अंजू मेहता यू.ए.ई. में हुए साहित्यिक कार्यक्रम में पुस्तक विमोचन की रिपोर्ट लेकर आई हैं तो डॉ. उर्मिला चौधरी पुस्तक समीक्षा लेकर। देवयानी रानी का कैमरा बहुत से नायाब दृश्यों का कैदखाना बना है। उसका एक कैदी जीवन का फ़लसफ़ा बताने आ पहुँचा है।

सांस्कृतिक राजधानी शारजाह ने बहुत से अनमोल रत्नों को संजो रखा है। अपनी रंगीन कृतियों के लिए जाने जानेवाले चित्रकार अंजिनी प्रकाश लायटू ने दुबई के गगनचाप पर आधारित अपनी पेंटिंग का चित्र पत्रिका के पृष्ठ आवरण के लिए प्रदान किया है।

हर ईंट का है अपना महत्त्व, भवन स्थिर आकर्षक तभी,
सबके सहयोग से मिल-जुल, कर्म हर्षवर्धक होता सभी।

संस्कृति के शब्द (अक्टूबर 2022)

डॉ. आरती 'लोकेश'

त्योहारों का महीना जहाँ खुशियों की गठरी लादे चला आता है, वहीं यह ग्लानि व क्षोभ भी गाँठ में बँध साथ छिपकर आता है कि हम अपने अपनों से दूर हैं। कैसे तो रीति-रिवाज़ निभाएँ और कैसे परम्पराओं को दोहराएँ; यह समस्याएँ भी अब बीते कल की बातें लगने लगी हैं। इतने बरसों से यू.ए.ई. में रहते हुए मैंने एक ऐसा त्योहार नहीं देखा जो यहाँ प्रवासी भारतीय इस कारण न मना पा रहे हों कि वे भारत से बाहर एक विदेशी धरा पर रहते हैं। अपने नाते-रिश्तेदारों व संबंधियों की कमी को तो कोई पूरा नहीं कर सकता। उनकी कमी का अहसास आपके उल्लास में बाधा न बने इसके लिए यहाँ सब सुविधाएँ मौजूद हैं। गंदगी का यहाँ नामो-निशान नहीं है। गंदगी फैलाने पर भारी जुर्माना भी है। उसके बावजूद प्रशासन यहाँ गणेश चतुर्थी तथा नवरात्रि पर प्रतिमाओं के विसर्जन की छूट देता है। कोई नदी सरोवर तो है ही नहीं किंतु पुलिस की देखरेख में, कड़े नियमों के तहत 'दुबई क्रीक' तथा समुद्र में भारी मात्रा में भारतीय लोग मूर्ति-विसर्जन करते हैं। गरबा रात्रियाँ भी मनाई जाती हैं और डाँडिया भी खेला जाता है। नवरात्रि में पहले नौरते पर जौ बोने के लिए मिट्टी की हाँडी और जौ भी मैंने बाज़ार में बिकते हुए देखे। ये जौ नौ दिन में करीब छ:-सात इंच लम्बे-लम्बे उग आते हैं और फिर दसवें दिन दशहरे पर जौ की इन बालियों को भाई के कान पर रखकर तिलक करने की परम्परा है हम भारतीयों की।

ओणम का त्योहार भी जगह-जगह धूमधाम से मनाया गया। राजा 'महाबलि' भी उत्सव मनाते हुए मिले। उत्तर भारतीयों के साथ बहुत से अन्य राष्ट्र के प्रवासी यहाँ जमकर केले के पत्ते पर 'सद्या' जीमते हैं और चटखारे ले-लेकर खाते हैं। करवाचौथ का करवा हो या छननी और पूजा की थाली, मेंहदी रंग वाली, ओढ़नी लहँगा चोली; स्वदेश की धरा से दूर सब स्वदेशी सामान मिल जाता है। दीवाली के तो कहने ही क्या! जब पड़ोस में रहने वाले अर्मेनिया, पाकिस्तान, श्रीलंका, बांग्लादेश और स्थानीय अरबी लोग 'हैप्पी दीवाली' कहते हैं तो बालकनी पर लटकती लड़ियों-सा मन जगमगा उठता है। इस वर्ष एक तमिल मित्र के घर नवरात्र 'गोलू' मनाने का अवसर भी मिला। ऐसा लगा कि हम तो अपनी ही संस्कृति से कितने अनभिज्ञ हैं। कितनी ही मनोहारी परम्पराएँ हमारे ही

विभिन्न प्रांतों में विद्यमान हैं। धन्य हैं वे भारतीय जो विदेश में भी अपने मूल से जुड़े हुए हैं।

कभी लगता है देश से बाहर निकलकर हमारी त्रिज्या बढ़ गई है और एक पैर से अपनी जड़ों को थामे हमारा दूसरा पैर प्रकार की तरह 'वसुधैव कुटुम्बकम्' के सिद्धांत की परिधि को छू रहा है। कभी याद आती है यह कहावत- 'distance makes heart grow fonder'; दूर होने के नाते हम स्वयं को अधिक पास महसूस करने के सारे प्रयास करते हैं। इस अंक में आप विदेश में देशी त्योहारों की झलक खूब देख सकेंगे। त्योहारों का मौसम है तो फूलों की चित्रकारी के साथ संस्कृति के कलश से सजा हुआ अनन्य यू.ए.ई. का अक्तूबर अंक आपको अवश्य पसंद आएगा। अगले अंक में पुन: मिलेंगे बच्चों की रचनाओं के खगवृंद से बाल दिवस की बगिया को गुंजायमान करते हुए।

अलग-अलग रंग-रूप है और भाँति-भाँति की सुगंध,
विभिन्न फूल की अल्पना में, एकाकार गढ़े बहु छंद।

बालकों की दृष्टि में यू.ए.ई. (नवम्बर-दिसम्बर 2022)

डॉ. आरती 'लोकेश'

विचार, भाव, अभिव्यक्ति में वे, अपरिपक्व रहा करते थे,

गए जमाने वे, जब बच्चे अबोध अनजान हुआ करते थे।

यूँ तो कोई महीना ऐसा नहीं जो त्योहारों से खाली हो। अपनी संस्कृति की विविधता के कारण भारत के किसी न किसी हिस्से में प्राय: ही कोई न कोई उत्सव चल रहा होता है। कुछ विशेष दिवस तो ऐसे होते हैं जो न केवल पूरे भारतवर्ष अपितु विश्वभर में सर्वाधिक उल्लास से मनाए जाते हैं। 'बाल दिवस' एक ऐसा ही पर्व है जो राष्ट्रीय पर्व की शृंखला में न होते हुए भी सर्वाधिक व सार्वजनिक रूप से सम्पूर्ण राष्ट्र में मनाया जाने वाला अवसर है। फिर हमारे प्रवासी भारतीय भला इससे अछूते कैसे रह सकते हैं! और जहाँ बात बच्चों की हो, वहाँ कौन उनके महत्त्व से सहमत न होगा? कौन उनके कल को स्वर्णिम बनाने के लिए आज प्रयत्नशील होने से पीछे हटेगा? कौन होगा जो बच्चों को बढ़ावा देने के समस्त संभव प्रयास के औचित्य की अवहेलना करेगा?

यू.ए.ई. में अलग-अलग स्थानों पर बालकों के लिए खूब आयोजन व समारोह किए गए। कहीं प्रतिभा में निखार लाने के लिए कार्यशालाएँ की गईं, तो कहीं बालकों के लिए समुचित साहित्य उपलब्ध कराने पर चर्चा की गई। बालकों के मनोरंजन और ज्ञानवर्धन के अतिरिक्त ऐसे कार्य भी हुए कि बालकों को अपनी प्रतिभा का प्रदर्शन करने और समुचित विकास करने का अवसर मिला। इन्हीं प्रयासों के अंतर्गत टैगोर विश्वविद्यालय द्वारा आयोजित 'विश्वरंग' महोत्सव की यू.ए.ई. शाखा के अनेक कार्यक्रमों में बालकवि गोष्ठी और बाल-साहित्य संगोष्ठी भी सम्मिलित की गईं। 10 से 15 वार्षीय प्रवासी भारतीय बच्चों ने अपनी निरीक्षण क्षमता व अभिव्यक्ति की दक्षता से सबको न केवल मोहित, वरन् अचंभित भी किया। इन कार्यक्रमों की अविस्मरणीय निपुण लेखनी के सद्चिह्नों को इस अंक में स्थान देते हुए बहुत उत्साहित व उल्लसित अनुभव कर रही हूँ।

गतमाह अनन्य यू.ए.ई. के अक्तूबर अंक ने पाठकों की खूब वाहवाही बटोरी। इससे हमारे संपादकीय समूह का उत्साह द्विगुणित हुआ और स्वयं पर विश्वास भी पुख्ता हुआ। यह समझ आने लगा कि हम सही दिशा में जा रहे है। किसी का कंधे पर हाथ, पीठ पर थपथपी और सराहना के दो शब्द कार्य को दूने जोश और उत्साह से करने की ऊर्जा प्रदान करते हैं। इस नवीन ऊर्जा के संचार को हमने 'लोक उवाच' नामक स्तम्भ में संग्रहीत करने का निर्णय लिया है। पिछले अंक पर प्रतिक्रियाएँ पाठकों में भी एक विश्वास की कोंपल उगाएँगी, इस विचार से नवंबर-दिसंबर अंक का प्रारम्भ 'लोक उवाच' से ही किया गया है। अपनी मूल्यवान टिप्पणी से हमें धन्य करने के लिए मैं प्रतिक्रिया देनेवाले सभी सुधी-विद्वानों की हृदयतल से आभारी हूँ।

जहाँ यू.ए.ई. के बारह कवि बाल-बालाओं की नवीनतम कविताएँ आपको पढ़ने को मिलेंगी, वहीं कुछ बाल-साहित्यकारों की रचनाएँ भी आपको आनंदित करेंगी। बाल रचनाकार की कहानी भी पाठकों को मुग्ध करने में सक्षम है। कविता, कहानी के अतिरिक्त आलेख, संस्मरण, रिपोर्ताज व चित्र-वीथिका आदि विधाओं से सुसज्जित है। आशा है, बालकों की रचनाओं से भरपूर अनन्य यू.ए.ई. का यह अंक आपको अवश्य लुभा जाएगा। अगले अंक में पुन: मिलेंगे जनवरी-फरवरी में हिन्दी पर बात करते हुए, वरिष्ठजन के अनुभव, युवाओं के विचार और विद्यार्थियों की आकांक्षाओं को समेटे हुए।

तलाशता मैं निज विजन में, सृजन की नव राह अनगढ़,
तराशता प्रतिभा की प्रतिमा, भाग्यलेख का मैं हूँ अनपढ़!

चित्र कानन

यू.ए.ई. : भारतीय गोंड कला के रंगों में (तथ्य)

डॉ. सीमा पावगी उपाध्ये

मध्यप्रदेश के मंडला जिले की प्रसिद्ध जनजातियों में से एक 'गोंड' द्वारा बनाई जाने वाली चित्र कला की विशिष्ट कलाशैली को गोंड चित्रकला के नाम से जाना जाता है। दुबई की पृष्ठभूमि में गोंड कला की इस कलाकृति में संयुक्त अरब अमीरात (यू.ए.ई.) की मुख्य पहचान सम्मिलित हैं।

विश्व की सबसे ऊँची इमारत बुर्ज ख़लीफ़ा, यू.ए.ई. का राष्ट्रीय पक्षी फ़ाल्कन (बाज़), राष्ट्रीय वृक्ष ग़ाफ़ (खेजड़ी), रेगिस्तान का जहाज़ ऊँट और रेगिस्तान के पेड़-पौधे बनाए गए है।

एक्रेलिक, पेन, ब्रश, 300 ग्राम प्रति मीटर (GSM) A-3 ड्राइंग शीट का इस्तेमाल हुआ है।
वर्ष: 2021

- अनन्य यू.ए.ई. के अगस्त 2022 अंक में प्रकाशित

जय भोले!

कुसुम दत्ता

कर्पूरगौरं
करुणावतारं
संसारसारम्
भुजगेन्द्रहारम्।

सदा बसन्तं
हृदयारविन्दे
भवं भवानी
सहितं नमामि।।

- अनन्य यू.ए.ई. के अगस्त 2022 अंक में प्रकाशित

प्रकृति के रंग

माधव कृष्णा

- अनन्य यू.ए.ई. के सितम्बर 2022 अंक में प्रकाशित

फूलों की मोहक दुनिया

हेमा अरोड़ा

- अनन्य यू.ए.ई. के अक्तूबर 2022 अंक में प्रकाशित

137

बोलते चित्रों की दुनिया

ललिता शर्मा

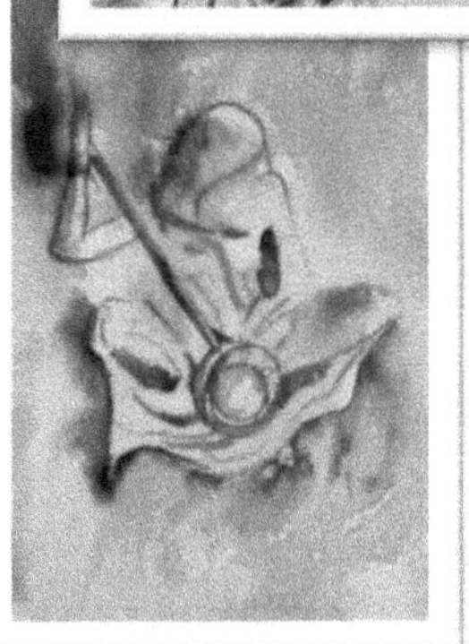

- अनन्य यू.ए.ई. के नवम्बर-दिसम्बर 2022
अंक में प्रकाशित

चित्र और चित्रकार

अंजू मेहता

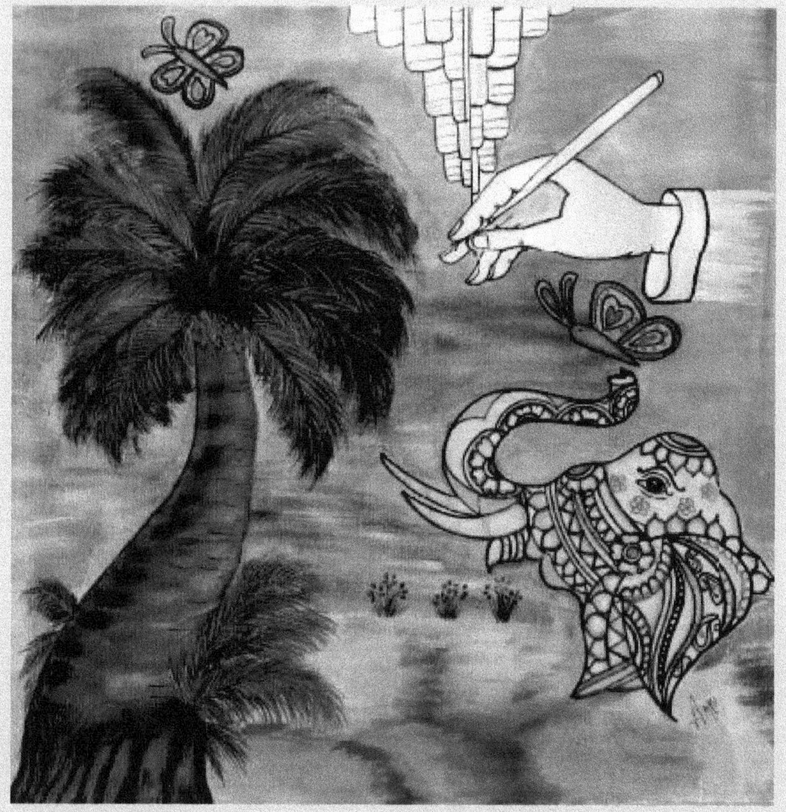

चित्रकार : अंजू मेहता
12x12 इंच , एक्रेलिक ऑन वॉटर पेपर
वर्ष: 2022

- अनन्य यू.ए.ई. के अगस्त 2022 अंक में प्रकाशित

अंजिनी प्रकाश लाइटू

चित्र और चित्रकार

चित्रकार : अंजिनी प्रकाश लाइटू
70 X 70 सेमी., कैनवास पर एक्रेलिक रंग
वर्ष : 2018

- अनन्य यू.ए.ई. के सितम्बर 2022 अंक में प्रकाशित

विद्या विजयन

चित्रकार : विद्या विजयन
30 X 45 सेमी., ड्राइंग शीट पर ग्वाश रंग
वर्ष : 2022

विद्या विजयन

- अनन्य यू.ए.ई. के अक्टूबर 2022 अंक में प्रकाशित

जयशंकर टी.एस. एवं हेमा अरोड़ा

चित्र और चित्रकार

चित्रकार : जयशंकर टी.एस. & हेमा अरोड़ा
3.25 X 2.5 मीटर, एक्रेलिक रंग
म्युरल चित्रकारी
वर्ष : 2020

 - अनन्य यू.ए.ई. के नवम्बर-दिसम्बर 2022 अंक में प्रकाशित

आवरण
चित्र

विजेंद्र एस. विज

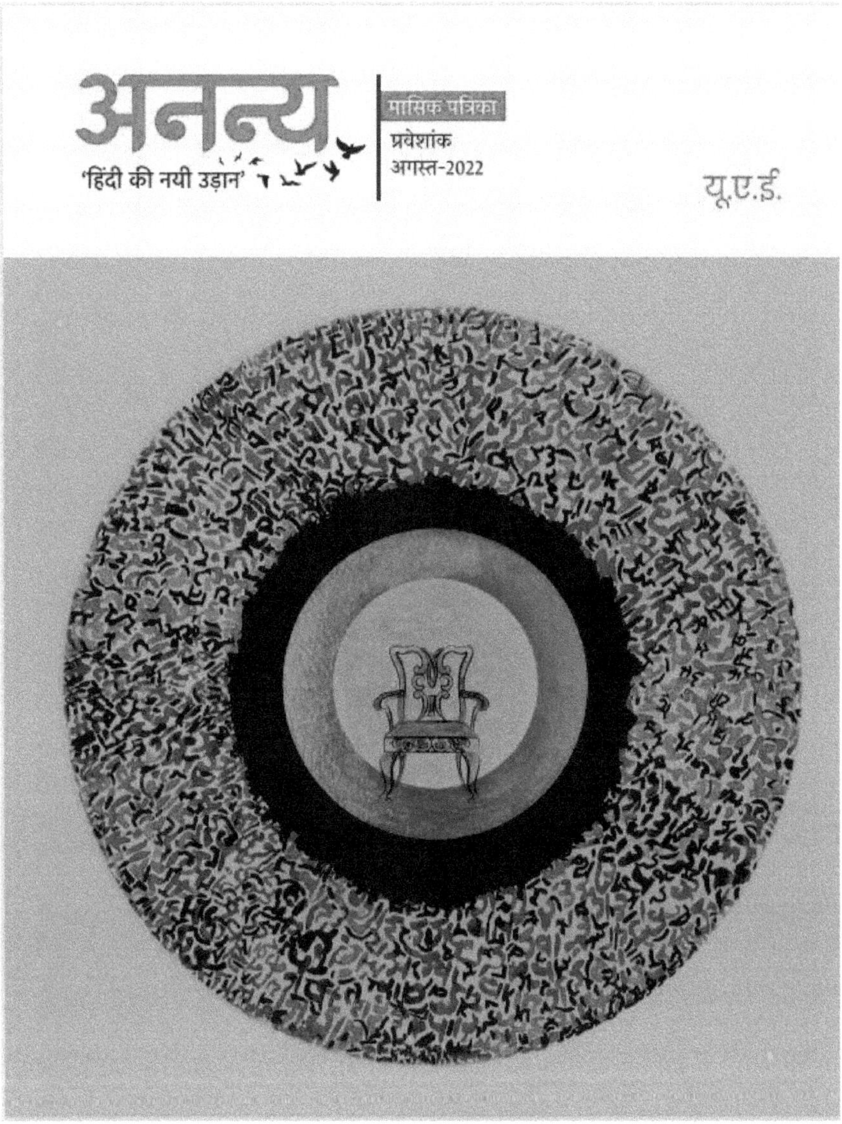

आवरण चित्र : विजेन्द्र एस. विज
Artist: Vijendra S Vij (India)
Delusion at midnight
8x11 Inch, Ink
Watercolor on paper

विजेंद्र एस. विज

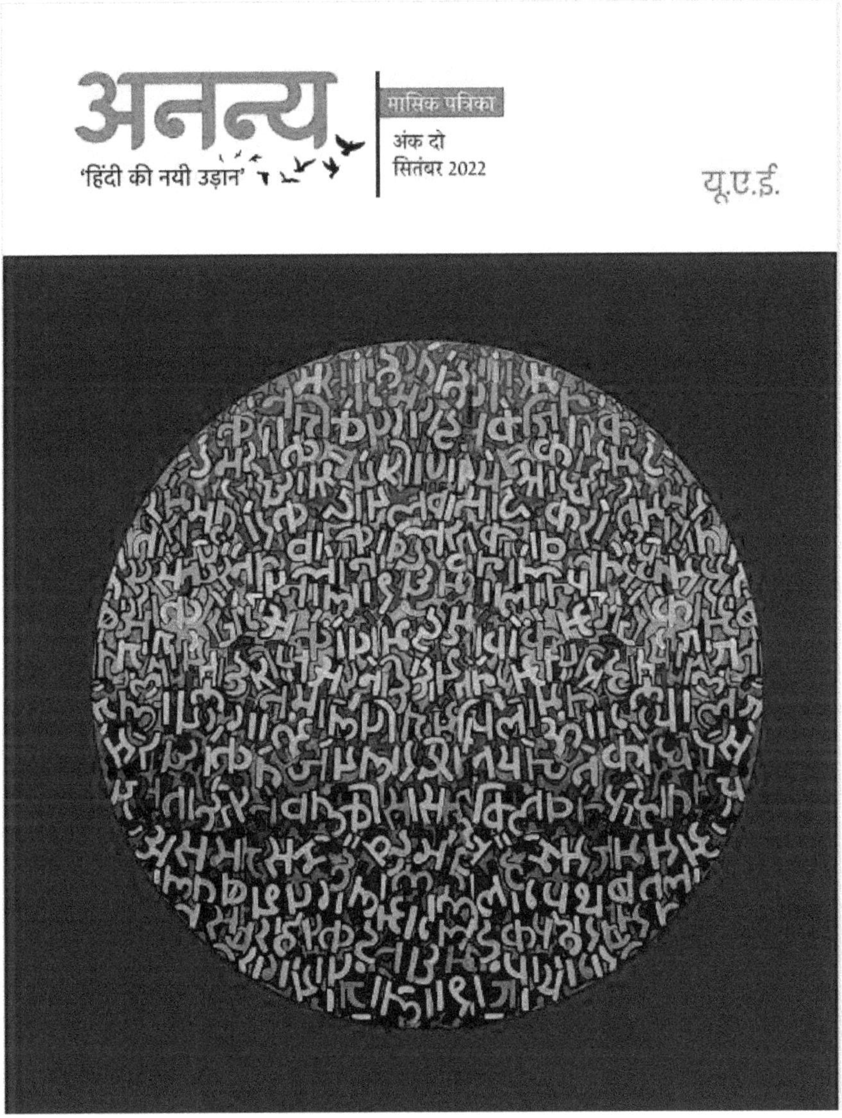

आवरण चित्र : विजेन्द्र एस. विज

The Royal Words

36x36 Acrylic on Canvas

Vijendra S Vij

रामकुमार

आवरण चित्र : चित्रकार - रामकुमार
Untitled
22"x30 Acrylic on Canvas
Ramkumar

फरहाद हुसैन

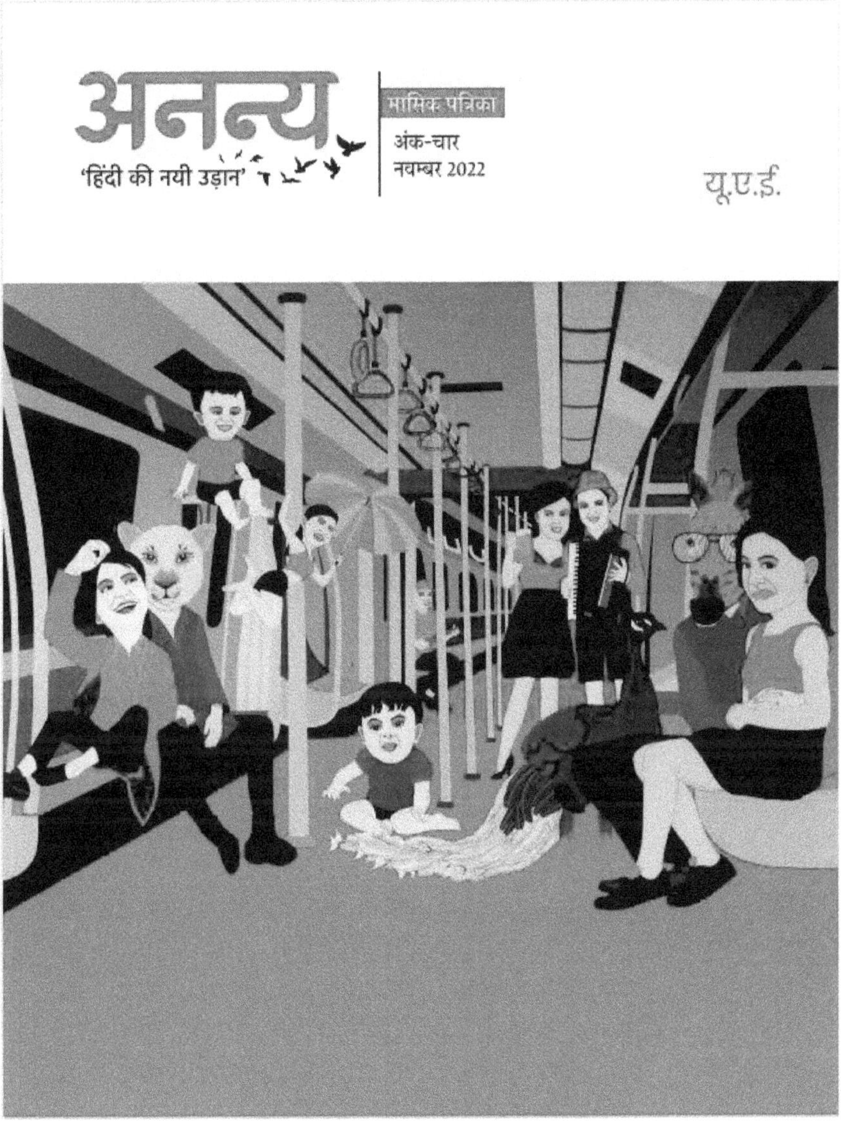

आवरण चित्र : फरहाद हुसैन
Untitled
50x48 inch, Acrylic on Canvas
Farhad Hussain

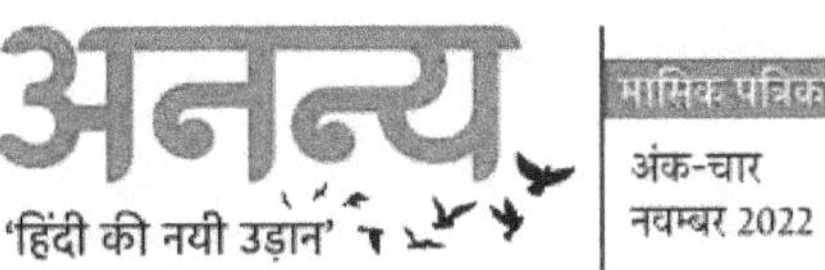

अनन्य

यू.ए.ई. कृतिकार

बाल रचनाकार

एन मैरी जोसफ़

यू.ए.ई. में प्रवासी भारतीयों की दूसरी पीढ़ी से एन मैरी जोसफ़ बारह वर्ष की हैं। एन 'द इंडियन हाई स्कूल' दुबई में कक्षा सात की छात्रा हैं। वे अपने मन के भाव कविता में लिखने का प्रयास करती रहती हैं।

ईमेल- vini.antony@gmail.com

एंजेलीना जिनेश जॉर्ज

एंजेलीना जिनेश जॉर्ज दुबई निवासी हैं। उनकी आयु मात्र तेरह वर्ष है। वे कक्षा आठ की छात्रा हैं और द इंडियन हाई स्कूल दुबई में पढ़ती हैं। उन्हें कविताएँ लिखना पसंद है।

ईमेल- angelina39479@gmail.com

वंशिका दिलीप हरवानी

10 वर्ष की 'वंशिका दिलीप हरवानी' 'अवर ओन इंग्लिश हाई स्कूल', शारजाह की पाँचवीं कक्षा की छात्रा हैं। हिंदी में कविता लिखना वे अपनी संस्कृति को पोषित करने जैसा मानती हैं। यह संस्कार और विचार उन्हें अपने माता-पिता से प्राप्त हुआ है।

ईमेल- diliph41@gmail.com

अदिति अरुण

मेरा नाम अदिति है।मैं अवर ओन इंगलिश हाई स्कूल में कक्षा छह की छात्रा हूँ। मुझे किताबें पढ़ना और कविताएँ लिखना पसंद है। मैं यू.ए.ई के बारे में एक कविता लिखी है। इस कविता का विषय है मेरे यू.ए.ई की संस्कृति।

ईमेल- *dhanya.arun@mail.com*

अनीशा सिंह

शारजाह, संयुक्त अरब अमीरात में रहनेवाली 11 वर्षीय अनीशा सिंह 'न्यू दिल्ली प्राइवेट स्कूल' कक्षा 6 की छात्र हैं। इन्हें किताबें पढ़ना, तैरना, पेंटिंग करना और अभिनय करना पसंद है। इन्हें हिंदी से प्यार है।

ईमेल- *preetishahdeo_uae@yahoo.com*

देवांश मुदगल

11 वर्षीय देवांश मुदगल अलीगढ़, उत्तरप्रदेश के मूलत: निवासी हैं और 'न्यू दिल्ली प्राइवेट स्कूल', शारजाह विद्यालय के कक्षा 5 के छात्र हैं। इनकी रुचि तैराकी, पुस्तक अध्ययन और कहानी व कविता लेखन में है।

ईमेल- *ankita.barthwal@gmail.com*

कोहना बाविस्कर

संयुक्त अरब अमीरात में जन्मी, एक साधारण *12 वर्षीय लड़की जो युवाओं के लिए एक आदर्श बनने की ख्वाहिश रखती है। एक प्रतिभा के रूप में वक्तृत्व के साथ, युवा सशक्तिकरण और पर्यावरण के मुद्दों के बारे में बोलती है। कोहना संयुक्त अरब अमीरात और भारत की संस्कृतियों से जुड़ी हैं और उनके बारे में और अधिक खोजती रहती हैं। इन्होंने अंतर्राष्ट्रीय राजभाषा प्रतियोगिता जैसी कई हिंदी सार्वजनिक बोलने वाली प्रतियोगिताएँ जीती हैं।*

ईमेल- *dhanrajkajal@yahoo.co.in*

तनिश मुरूगन

12 वर्षीय तनिश मुरूगन 'दुबई स्कौलर्स प्राइवेट स्कूल' में पढ़नेवाले कक्षा 9वीं के छात्र हैं। इन्हें कविता लिखने के अलावा फुटबॉल और पिज्जा खाना बहुत पसंद है।

ईमेल-*tanishmurugan2010@gmail.com*

मीरा कामाची

13 वर्षीय मीरा कामाची 'द इंडियन हाई स्कूल', दुबई की कक्षा 8 की छात्रा हैं। इन्हें प्रकृति से बहुत प्रेम है और उसके संरक्षण के लिए यह हर सभव प्रयास करती हैं। इन्हें कविताएँ और छोटी कहानियाँ लिखने का शौक है। संगीत सीखने और गायन का भी शौक रखती हैं। इन्हें हाल ही में इंडिया बुक ऑफ रिकॉर्ड्स और जैकी बुक रिकॉर्ड्स द्वारा सम्मानित किया गया है।

ईमेल- *rksjeya@gmail.com*

धृति सरावगी

धृति सरावगी 'अवर ओन इंग्लिश हाई स्कूल' शारजाह में कक्षा 8 की छात्रा हैं। वह एक उत्साही वक्ता और लेखिका हैं और हिंदी और अंग्रेजी दोनों भाषाओं में कविताएँ और कहानियाँ लिखना पसंद करती हैं। वह नवाचार और मानवाधिकारों के संबंध में कई प्रतियोगिताओं में शामिल है और लेखन के माध्यम से अपनी भावनाओं को व्यक्त करती है।

ईमेल- *ankita110179@gmail.com*

माहम खान

माहम खान दुबई में 9 वीं कक्षा में पढ़ती हैं। वे अवर ऑन इंग्लिश हाई स्कूल दुबई की छात्रा हैं। अंग्रेजी, उर्दू, हिंदी, तुर्की और अन्य भाषाओं में उनकी रुचि है।

ईमेल- *mahamkha1819@gmail.com*

ऋषिता गर्ग

ऋषिता गर्ग 'दुबई स्कोलर्स प्राइवेट स्कूल' की कक्षा 10 की छात्रा हैं। इन्हें कविताएँ और कहानियाँ लिखना बहुत पसंद है। इसके अलावा इनकी रुचि नृत्य-संगीत, गायन, कलाकारी, चित्रकारी एवं खेलों में भी है।

ईमेल- *rishitagrg@gmail.com*

नित्या धर्मेश पारेख

चौदह वर्षीया नित्या धर्मेश पारेख 'जे एस एस प्राइवेट स्कूल' की कक्षा दस की छात्रा हैं। कविताएँ लिखने में उनकी बहुत रुचि है। प्रस्तुत कविता उन्होंने संयुक्त अरब अमीरात की प्रगति के विषय पर लिखी है।

ईमेल- *nityajss2018@gmail.com*

दीया दीप जोशी

दीया दीप जोशी दुबई के 'दुबई स्कॉलरस' स्कूल की कक्षा १० में पढ़तीं हैं। इन्हें बचपन से ही साहित्य में काफ़ी दिलचस्पी रही है, ख़ासतौर से मात्रभाषा, हिंदी में। दीया हिंदी साहित्य में और भी अधिक उत्थान करना चाहती हैं।

ईमेल- *deepjoshi123@gmail.com*

आदोर मुखर्जी

मेरा नाम है आदोर मुखर्जी है। मैं आई आई एस, दसवीं कक्षा की छात्रा हूँ। मुझे नई चीज़ों में भाग लेना पसंद है। मुझे लिखने का बहुत शौक है।

ईमेल- *adoremukh@gmail.com*

आशिका सिंह

12 वर्षीया आशिका सिंह 'इंडियन हाई स्कूल' की छात्रा है। इन्हें कविता, कहानियाँ लिखने का शौक है। ये अपनी कविताओं, कहानियों और आलेख के लिए कई बार पुरस्कृत हो चुकी हैं।

ईमेल- aashika47250@gmail.com

माधव कृष्णा

डी.पी.एस. शारजाह विद्यालय के छात्र माधव, मेधावी होने के साथ-साथ क्रिकेट के खिलाड़ी हैं, कराटे के ब्लैक बेल्ट धारक हैं। वे युवा समाजसेवी हैं और शारीरिक रूप से विकलांग बच्चों की सहायता के लिए जागरूकता फैलाने और अर्थ जुटाने का कार्य करते हैं। वे पर्यावरण संरक्षण के दुबई समूह के सदस्य हैं और इस विषय पर बहुत-सा कार्य कर चुके हैं। बालक माधव ने 9 वर्ष की उम्र में प्रकृति से प्रेरणा लेकर तूलिका उठाई। अपने चित्रों में उन्होंने प्रकृति की मधुरिम छटा को उकेरकर मोहक रंग बिखेरे हैं।

ईमेल- vedavalli.rengarajan@gmail.com

वयस्क रचनाकार

शेखर रामकृष्ण तिवारी 'शेखू'

मूलत: खंडवा मध्य प्रदेश निवासी श्री शेखर रामकृष्ण तिवारी आबुधाबी की सेल्स मार्केटिंग फार्मास्यूटिकल में राष्ट्रीय और अंतरराष्ट्रीय स्तरों पर क्वालिटी-हेल्थ-सेफ्टी और एनवायरमेंट के कार्य से सेवानिवृत्त हैं। पब्लिक स्पीकिंग के साथ-साथ आकाशवाणी, ऑल इंडिया रेडियो, युववाणी, युवदार्शन, पृथ्वी थियेटर में अभिनय किया। 'इंसानियत की आवाज' नाम से इनका ब्लॉग है। कविता पिता स्वर्गीय श्री रामकृष्ण तिवारी से सीखी जो अनेक बार रेडियो मेरी आवाज तथा काव्य गोष्ठियों में पढ़ी गईं। पिताजी के काव्य को 'भावों की सीप में शब्दों के मोती' पुस्तक रूप में फरवरी 2022 में प्रकाशित किया है।

ईमेल- tiwari.shekhar0@gmail.com

ऋचा मित्तल

आबूधाबी, यू.ए.ई निवासी ऋचा मित्तल मूलत: पंचकुला (हरियाणा) भारत से हैं। इन्होंने भौतिक विज्ञान में स्नातकोतर व मास्टर ऑफ फिलासफी की शिक्षा प्राप्त की है। विज्ञान विषय में अध्यापन के अतिरिक्त स्वतंत्र लेखन करती हैं और आबूधाबी काव्य मंच द्वारा साहित्य सेवा करती रहती हैं। अपने लेखन में वे अपने अनुभव, विज्ञान और अध्यात्म को जोड़ने का प्रयत्न करती हैं।

ईमेल- rhichashri@gmail.com

तुषार पिपरे

तुषार पिपरे जी आबूधाबी निवासी हैं। चंद्रपोर महाराष्ट्र के मूल निवासी हैं कविताएँ लिखना इन्हें बहुत प्रिय है। यह हिंदी और मराठी में लिखते हैं। कुछ ऑनलाईन ग्रुप्स में कविताओं का प्रस्तुतिकरण किया हैं।

ईमेल- piparetushar@gmail.com

शत्रुजीत सिंह

देश-विदेश की काव्य गोष्ठियों में अत्यंत सक्रिय रहने वाले के भारत के बिहार प्रांत शत्रुजीत सिंह पेशे से चार्टर्ड एकाउंटेंट हैं और यू.ए.ई. में दस वर्षों से कार्यरत हैं। कविताएँ लिखना इनकी अभिव्यक्ति का सशक्त माध्यम है। प्रकृति और मानव मूल्य हमेशा उनकी रचनाओं में स्पष्ट दिखाई देते हैं। ये देश-विदेश की काव्य गोष्ठियों में अत्यंत सक्रिय रहते हैं। इनकी बहुत-सी रचनाओं का विद्यालय, महाविद्यालय और निजी पत्रिकाओं में प्रकाशन हुआ है। आबूधाबी काव्य मंच में इनकी सक्रिय सहभागिता है।

ईमेल- shatrujitsingh@gmail.com

अंकुर रांका

अंकुर एक चार्टर्ड अकाउंटेंट हैं एवं वर्तमान में आबुधाबी (यू.ए.ई.) के सबसे प्रतिष्ठित संगठनों में से एक में प्रबंधन का हिस्सा हैं। हिंदी साहित्य में अपनी रुचि के साथ, अंकुर ने कई कविताएँ, गीत और भजन लिखे हैं, जिनमें से कुछ प्रकाशित एवं सुप्रसिद्ध **यूट्यूब** गायक द्वारा गाये गए हैं।

ईमेल- ankurranka@gmail.com

कमला प्रकाश

कमला प्रकाश 'महिला काव्य मंच' की सदस्या हैं, साथ ही साथ 'राइटर्स फोरम कुवैत' की सदस्या रहीं हैं। आबूधाबी काव्य मंच की सदस्या हैं। संगीत में "विशारद" और "प्रवीण" किया है। कविता लिखना, गीत लिखना, चित्रकारिता और गायन वादन में रुचि रखती हैं। इनका श्रेयर्ष (Shreyarsh) नाम का एक यू ट्यूब चैनल भी है।

ईमेल- jollyprakash123@gmail.com

जयशंकर टी.एस.

न्यू डी पी एस स्कूल शारजाह में कार्यरत कलाकार और शिक्षक श्री जयशंकर टी.एस. मूल रूप से केरल के निवासी हैं। इन्होंने श्री शंकराचार्य संस्कृत यूनिवर्सिटी, केरल से फाइन आर्ट्स में स्नातक एवं महात्मा गाँधी, यूनिवर्सिटी के आर. एल. वी. कॉलेज से स्नातकोत्तर डिग्री प्राप्त की है। ये केरल में कई कला प्रदर्शनियों में भाग ले चुके हैं। शारजाह की कई महत्वपूर्ण मॉल में कुछ निजी लोगों के लिए भित्तिचित्र भी तैयार किया है। डिजिटल और केनवास पेंटिंग, ग्राफिक डिज़ाइन और मूर्तिकला की ओर उनका अत्यधिक रुझान है।

ईमेल- jassmax@gmail.com

शब्बीर मुनव्वर

यू.ए.ई. की शारजाह अमीरात में रहने वाले शब्बीर हुसैन मुनव्वर जी इंदौर मध्य प्रदेश के मूल निवासी हैं। उर्दू गल्फ कौंसिल के राज्य अध्यक्ष हैं। इन्हें उर्दू और हिंदी भाषा में ग़ज़ल, नज़्म, कविता, क़ता, मर्सिया, मुक्तक लिखने में महारत हासिल है। 'हिंदी इमाराती चश्मे से', जो संयुक्त अरब इमारात में प्रकाशित पहली हिंदी पुस्तक है, में लेखन सहभागिता की है। संयुक्त अरब अमीरात और भारत के कई

मंचों से जुड़े होने के अलावा कवि सम्मेलनों और मुशायरों में भागीदारी की है। भारतीय दूतावास दुबई में अपनी रचनाएँ पढ़ने के लिए आमंत्रित किये जाते रहे है।

ईमेल- shabmunawar@hotmail.com

कौसर भुट्टो

कौसर भुट्टो मूलतया बीकानेर, राजस्थान की रहने वाली हैं, गत 4 वर्षों से अपने परिवार के साथ दुबई में रह रही हैं। उन्होंने सूक्ष्म जीव विज्ञान में स्नातकोत्तर और शिक्षा में स्नातक किया है। दुबई आने से पूर्व 3 वर्षों तक नोएडा में विज्ञान अध्यापन कार्य किया है। वर्तमान में सामयिक परिवेश पत्रिका के अंतर्राष्ट्रीय अध्याय की उप संपादक हैं। कई अंतरराष्ट्रीय और राष्ट्रीय ऑनलाइन कवि सम्मेलनों का संचालन किया तथा भाग लिया। कई पत्र-पत्रिकाओं में कविताएँ प्रकाशित हो चुकी हैं। विभिन्न प्रकार के कवि सम्मेलनों में लगातार सक्रिय रहती हैं।

ईमेल- kausar.sweetu@gmail.com

कुलभूषण व्यास

राजस्थान के जोधपुर के मूल निवासी एवं हिंदी प्रेमी के॰ बी॰ व्यास जी ने विज्ञान में स्नातक और लंदन से मीडिया और मास कम्यूनिकेशन्स में स्नातकोत्तर की डिग्री प्राप्त की है। कक्षा 10 से ही रेडियो से लगाव बन गया जिसके कारण आगे चलकर आकाशवाणी से जुड़ गए। टोरेंटों रेडियो के लिए भी कार्यक्रमों की रिकॉर्डिंग तथा नई दिल्ली में एफ. एम. के रेडियो जॉकी रहे। सन् 2000 से शारजाह में एफ. एम. रेडियो में जॉकी के रूप में भी कार्य किया। इनकी चार पुस्तकें प्रकाशित हो चुकी हैं, पाँचवीं प्रकाशाधीन है। वर्तमान में शारजाह से 'हाइकु' के प्रचार–प्रसार में लगे हुए हैं।

ईमेल- kbvyas2001@yahoo.com

डॉ. नितीन उपाध्ये

इंदौर (भारत) में जन्मे डा. नितीन उपाध्ये पेशे से मैकेनिकल इंजीनियर हैं और वर्तमान में दुबई में प्राध्यापक के पद पर कार्यरत हैं। आप हिन्दी व मराठी में ग़ज़ल, गीत, कहानी, बाल-साहित्य, हास्य नाटक आदि विधाओं में लिखते हैं। देश की प्रतिष्ठित पत्र पत्रिकाओं जैसे- सरिता, चंपक आदि में इनकी रचनाएँ प्रकाशित हुई हैं। संयुक्त अरब अमीरात में होने वाले हिंदी और मराठी भाषा के कार्यक्रमों में आप बढ़-चढ़कर हिस्सा लेते हैं। आप वरिष्ठ नागरिक काव्यमंच की गल्फ यूनिट के संयोजक है।

ईमेल- n_upadhye@yahoo.com

अहमद फरीद

पिछले 15 वर्षों से दुबई यू.ए.ई. निवासी अहमद फ़रीद मूलत: दिल्ली से हैं। ये पेशे से निवेश बैंकर हैं। भारतीय साहित्य में बहुत रुचि रखते हैं। हिन्दी और उर्दू भाषा में काव्य रचना करते रहते हैं।

ईमेल- Faridahmed7@gmail.com

जय कृष्ण मिश्रा 'चैतन्य'

श्री जय कृष्ण मिश्रा संयुक्त अरब अमीरात में 'शैक्षिक विकास अंतरराष्ट्रीय संस्थान (IEOD) के एम्बेसेडर एवं यू.ए.ई. प्रतिनिधि हैं। उन्होंने सार्वजानिक प्रशासन में स्नातकोत्तर तथा एम.बी.ए. की शिक्षा प्राप्त की है। वह एक लेखक, कवि, प्रेरक वक्ता और सार्वजनिक क्षेत्र में करंट अफेयर्स विश्लेषक हैं। राष्ट्रीय एवं अंतरराष्ट्रीय स्तर पर आयोजित विभिन्न आयोजन तथा काव्य गोष्ठी में प्रस्तुति दी हैं। संयुक्त अरब अमीरात में झारखंड के कौशल विकास कार्यक्रम में भारतीय उद्योगों के समुदाय का प्रतिनिधित्व करने पर इन्हें झारखंड के मुख्यमंत्री द्वारा सम्मानित किया गया।

ईमेल- jkmishra999@gmail.com

मंजु तिवारी कुमार

सोलह वर्षों से संयुक्त अरब अमीरात के दुबई शहर में रह रही मंजु तिवारी कुमार का जन्मस्थान उत्तरांचल है। प्रारंभिक और माध्यमिक शिक्षा नई दिल्ली तथा स्नातकोत्तर शिक्षा दिल्ली यूनिवर्सिटी से की है। लेखन, पठन, संगीत और भ्रमण इनके मुख्य शौक हैं। लेखन के क्षेत्र में दिल्ली में कई साल दिल्ली प्रेस की पत्रिकाओं गृहशोभा, सरिता में लेख, कहानी व अनुवाद का कार्य किया। वर्तमान में फ्रीलैन्सिंग और वेबिनार द्वारा हिंदी साहित्य से जुड़ी हुई हैं।

ईमेल- manju18550@gmail.com

आलोक शर्मा

श्री आलोक शर्मा, भारतीय संगीत में स्नातकोत्तर कर 25 वर्षों से भारत एवं संयुक्त अरब अमीरात में संगीत, भाषण-कला, अभिनय के शिक्षण एवं नाटक निर्देशन में संलग्न हैं। वामा नाट्यशृंखला के अंतर्गत पन्ना-धाय, शकुंतला, आम्रपाली, कन्नगी, असुरमर्दिनी आदि नाटक निर्देशन कर चुके हैं। ट्रिनिटी कालेज, लंदन से अनुमोदित नाट्य प्रशिक्षक हैं। ये अथक चेष्टा ट्रस्ट यूनिवर्सल के संस्थापक अध्यक्ष हैं।

ईमेल- actuniversal2020@gmail.com

डॉ. मंजु सिंह

शारजाह, यू.ए.ई. में रहने वाली डॉ. मंजु सिंह मूल रूप से दिल्ली की निवासी हैं, दुबई में शिक्षण कार्य कर रही हैं। कविता व कहानी के साथ-साथ व्यंग्य रचनाएँ लिखती हैं। उनकी रचनाएँ विभिन्न देशी व विदेशी पत्र-पत्रिकाओं में प्रकाशित की गई हैं। दिल्ली की 'हिंदी-अकादमी' से निकलने वाली प्रतिष्ठित पत्रिका 'इंद्रप्रस्थ-भारती' में प्रकाशित कहानी 'विदाई' का 'नेशनल स्कूल ऑफ ड्रामा' द्वारा मंचन

के लिए चयन किया गया था। शोध-प्रबंध 'मैत्रेयी पुष्पा के उपन्यासों में नारी चेतना' प्रकाशित है तथा एक कविता व एक लघुकथा संकलन प्रकाशनाधीन है।

ईमेल- manjusinghgupta@gmail.com

देवयानी 'रानी'

रानी 25 साल से ज़्यादा दुबई में निवास कर रही हैं। यहाँ इनका विविध कला क्षेत्र से परिचय रहा है। नृत्य, नाट्य तथा सांस्कृतिक और शास्त्रीय संगीत के कार्यक्रमों का भी संचालन कर चुकी हैं। पेशे से पेरमेडिक और सॉफ्टवेर इंजिनियर रह चुकी रानी विश्वविद्यालय के दिनों में विज्ञापनों में मॉडेल के रूप में भी काम कर चुकी हैं। इनकी रूचि संगीत, पर्यटन, फोटोग्राफी, अनुवाद कार्य तथा वाचन करने में है। भारत के कई स्थानो में प्रकाशित, कुछ कथा संग्रह का अंग्रेजी तथा हिंदी में अनुवादन भी किया है। इनकी कई कविताएँ पुस्तकों और पत्रिकाओं में प्रकाशित हुई हैं। ये कई अंतर्राष्ट्रीय मंचों पर अपनी सक्रिय उपस्थिति दर्ज करा चुकी हैं।

ईमेल- yashrani@gmail.com

अंजू मेहता

कासगंज, उत्तरप्रदेश में जन्म। हिंदी साहित्य के साथ ही चित्रकला में उपाधि प्राप्त। साहित्य और चित्रकला में गहरी रुचि। दुबई में कई चित्र प्रदर्शनियाँ आयोजित कीं। कविता, कहाँई, लघुकथा, समीक्षा आदि रचनाएँ विभिन्न पत्र-पत्रिकाओं में प्रकाशित। सोशल मीडिया के विभिन्न मंचों पर सक्रिय भागीदारी। सम्प्रति-प्राध्यापन तथा शारजाह, यू.ए.ई. में निवास।

ईमेल- anju27102005@gmail.com

डॉ॰ उर्मिला देवी चौधरी

तीन वर्षों से दुबई निवासी डॉ. उर्मिला चौधरी मूलत: फरीदाबाद, हरियाणा से हैं। ये अपने ग्रामीण क्षेत्र की पहली पी.एच.डी. धारक हैं। हिंदी साहित्य के प्रवक्ता पद पर कार्य कर शिक्षण सेवाएँ प्रदान की। अनेक संगोष्ठियों में इन्होंने अपनी सक्रिय उपस्थिति दर्ज की है। हिंदी साहित्य की अनेक राष्ट्रीय एवं अंतर्राष्ट्रीय पत्रिकाओं में इनके द्वारा पुस्तक-समीक्षाएँ, कहानियाँ, लघुकथा, कविताएँ तथा शोध-पत्र प्रकाशित हुए हैं। यू.ए.ई. से प्रकाशित 'सोच' में इनकी अनेक रचनाएँ हैं। इन्होंने 'होनहार बिरवान' की निर्णायक भूमिका का निर्वाह किया है। इन्होंने डॉ. आरती लोकेश की साहित्य सुरभि' नामक समीक्ष्य पुस्तक का संपादन भी किया है।

ईमेल- **pillurinwa@gmail.com**

डॉ. सीमा पावगी उपाध्ये

यू.ए.ई. में अनुसन्धान और अध्यापनरत डॉ. सीमा पावगी उपाध्ये मूलत: कानपुर से हैं। बायोकेमिस्ट्री में पी.एच.डी. की उपाधि प्राप्त की। आप एक विज्ञान पत्रिका की मुख्य सम्पादिका है। ब्लॉग के द्वारा पर्यावरण, विज्ञान और स्वास्थ्य-खानपान के विषयों पर लेख लिखती है। राष्ट्रीय और अंतर्राष्ट्रीय स्तर पर 50 से अधिक वैज्ञानिक लेख प्रकाशित हो चुके है। बायोकेमिस्ट्री पर आपकी एक पुस्तक भी कई महाविद्यालयों में पढ़ाई जा रही है। गन्धर्व संगीत महाविद्यालय से संगीत की शिक्षा प्राप्त की। पिछले दो वर्षों से चित्रकला सीख रहीं है।

ईमेल- seema.upadhye@gmail.com

शिव मोहन

शिव मोहन जी मूलत: कन्नौज, उत्तर प्रदेश के निवासी हैं। इन्होंने बी. टेक. और एम. बी. ए. किया है । व्यवसाय से इलेक्ट्रानिक्स इंजीनियर हैं। विगत 15 वर्षों से दुबई में रेलवे क्षेत्र में कार्यरत हैं। वर्तमान में दुबई में अलस्टोम कम्पनी में कार्यरत। दुबई में आयोजित कई काव्य गोष्ठियों में काव्य पाठ हिंदी के प्रचार प्रसार में अपना

योगदान करने की अभिलाषा रखते हैं। 'तस्वीर क्या बोले' ऑन लाइन मंच द्वारा तीन बार प्रथम पुरस्कार प्राप्त।

ईमेल-**mohan_shiv2003@yahoo.co.in**

अनिता कार्तिक

दो दशकों से दुबई निवासी अनिता कार्तिक मूलत: कोयम्बतूर तमिलनाडु से हैं। उन्होंने कंप्यूटर विषय में निष्णात तक शिक्षा-दीक्षा प्राप्त की है। वे शारजाह के प्रतिष्ठित विद्यालय में प्रशासनिक अध्यक्ष के रूप में कार्यरत हैं। उन्हें भारतीय संस्कृति से बेहद प्रेम है और वे अपने सभी त्योहारों व परंपराओं को पूरे जोश के साथ यू.ए.ई. में मनाती हैं। वे एक चित्रकार भी हैं जो सोने की वर्क तथा कीमती नगों से चित्रकारी करती हैं। उनके चित्र में दिख रही समस्त चित्रकारी उनके द्वारा की गई है।

ईमेल- **anuvenkats@yahoo.com**

मनीषा नैनवाणी

मनीषा नैनवाणी, शारजाह के विद्यालय में हिन्दी की अध्यापिका हैं। वे नृत्य संगीत आदि कलाओं में भी विशेष रुचि रखती हैं। जोधपुर, राजस्थान में जन्मी मनीषा गत 9 वर्षों से यू.ए.ई. को अपना घर मानती हैं। मनीषा विभिन्न संस्कृतियों के बारे में जानने की भरपूर जिज्ञासा रखती हैं। दुनिया भर से आए देशों के लोगों से मिलना, बात-चीत करना उन्हें बहुत अच्छा लगता है।

ईमेल- manishanenwani**2017**@gmail.com

स्नेहा देव

साहित्यिक गतिविधियाँ में संलग्न, स्नेहा देव दुबई में, भारत के प्रतिष्ठित अंतंराष्ट्रीय महिला काव्य मंच, यू.ए.ई. की अध्यक्षा व विदेश सचिव (मिडिल ईस्ट) हैं। दुबई साहित्यिक कला

अकादमी की अध्यक्षा भी हैं। काव्य लेखन के साथ-साथ व्यंग्य, लघुकथा, निबंध, सामाजिक लेख, हाइकु एवं समसामयिक विषयों पर लेखन किया है। इनका कविता संग्रह 'स्पंदन' शून्य से शून्य तक 2019 में प्रकाशित हुआ। दूसरा संग्रह 'कस्तूरी कल्प' प्रकाशनाधीन है।

ईमेल- sneha.dev4@gmail.com

नूपुर दुबे

दुबई निवासी नूपुर दीक्षित दुबे जी को हिंदी पत्रकारिता और रेडियो में आठ वर्ष व दुबई में विज्ञापन एजेंसी में बतौर कॉपीराईटर कार्यानुभव। वर्तमान में दुबई में बतौर स्वतंत्र लेखक और ब्लॉगर के रूप में सक्रिय पर्यावरण संबंधी विषयों पर लेखन में विशेष रुचि।

ईमेल- nupurdixitdubey18@gmail.com

कुसुम दत्ता

यू.ए.ई. में दुबई में आप जानी-मानी समाजसेविका हैं, जिन्होंने खाड़ी देशों में मुसीबत में फँसे भारतीयों की सहायता की है और लगातार कर रही हैं। वे बहुमुखी प्रतिभा की धनी हैं। वे कुशल चित्रकार हैं। इनके चित्र इनकी आध्यात्मिक प्रवृत्ति तथा भारतीय पुराणों से प्रेम को दर्शाते हैं। ये साहित्य में बराबर रुचि रखती हैं। कविताओं और अपने चित्रों के माध्यम से अपने हृदय को उकेर देती हैं। स्त्रीवर्ग के उत्कर्ष के क्षेत्र में अनेक सम्मानों से पुरस्कृत कुसुम दत्ता जी से नारी जगत को सतत प्रेरणा मिलती है।

ईमेल – kusumdutta30@yahoo.com

हेमा अरोड़ा

शारजाह निवासी कला शिक्षक हेमा अरोड़ा मूल रूप से मेरठ, उत्तर प्रदेश से आती हैं। कला के प्रति इनका छोटी उम्र से ही लगाव था। इन्होंने अपनी स्नातक और स्नातकोत्तर दोनों डिग्री कला के क्षेत्र में प्राप्त कीं। कला में रुचि इन्हें विभन्न माध्यमों और तरीको में काम करने को प्रेरित करती है। इन्हें ऐक्रेलिक पेंटिंग, आयल पेंटिंग, वाटर कलर पेंटिंग और क्राफ्ट सभी तरह के कलात्मक कार्यों का शौक है। इन्होंने राधा कृष्णा, गणेश जी, साईं बाबा जी और कृष्ण जी के बाल रूप की पेंटिंग्स बनाईं जो बहुत पसंद की गईं।

ईमेल- gursimargurkirat@gmail.com

ललिता शर्मा

विश्व के पाँच देशों में अपनी एकल कला प्रदर्शनियाँ लगा चुकी चित्रकार ललिता शर्मा पिछले 16 वर्षों से यू.ए.ई. के प्रतिष्ठित विद्यालयों में नवीन पीढ़ी में कलाभावअभिव्यक्ति के संस्कार रोपित कर रही हैं। रोहतक विश्व विद्यालय से चित्रकला में स्नातकोत्तर एवं शिक्षा – निष्णात की उपाधि से सम्मानित श्रीमती ललिता वाटर – कलर में प्रकृति एवं मंदिरों पर बनाई अपनी शृंखला के लिए सम्मानित हो चुकी हैं।

ईमेल-lalita.alok.sharma@gmail.com

सह-सम्पादक

अनु बाफना

आठ वर्षों तक नैरोबी केन्या में निवास कर अनु बाफना गत वर्ष दुबई में आ बसी हैं। ई.एस.एल नामक कंपनी की डायरेक्टर अनु सरटिफाइड ट्रेनर-कंसलटेंट हैं। उनकी लेखनी प्रायः सभी विधाओं में और हिंदी व अंग्रेज़ी दोनों भाषाओं में चलती है। एक कहानी संग्रह और एक कविता संग्रह प्रकाशित हो चुके हैं। देश-विदेश की विभिन्न पत्र पत्रिकाओं एवं साहित्यिक संकलनों, अखबारों, मासिक पत्रिकाओं में उनकी रचनाएँ निरंतर प्रकाशित होती रही हैं। आकाशवाणी- भारत एवं केन्या से भी रचनाएँ प्रसारित, विभिन्न साहित्यिक संस्थाओं, सांस्कृतिक संस्थाओं एवं अन्य द्वारा सम्मानित। ये 'अनन्य यू.ए.ई.' की सह-सम्पादिका भी हैं।

ईमेल - anubafna@gmail.com

मीरा ठाकुर

दस वर्ष शारजाह रह, वर्तमान में आबूधाबी में रह रही मीरा ठाकुर शिक्षिका हैं। सन् 1993 में मुंबई यूनिवर्सिटी से हिन्दी से एम.ए. (स्वर्ण पदक) के बाद एम. एड. की शिक्षा ग्रहण की। हिंदी के अतिरिक्त मराठी और गुजराती में भी इन्हें लिखने का शौक रहा है। कई पत्र-पत्रिकाओं जैसे नवभारत टाइम्स (मुंबई), जनसत्ता, गृहशोभा, सरिता, मुक्ता, नन्दन आदि में इनकी रचनाएँ प्रकाशित होती रही हैं। यू.ए.ई. में भी ये कविताएँ व हाइकू लिखती रही हैं, जो अंतर्जाल पत्रिका अनुभूति में भी प्रकाशित हुई हैं। ये 'अनन्य यू.ए.ई.' की सह-सम्पादिका भी हैं।

ईमेल- meerasid@yahoo.com

सम्पादक

डॉ. आरती 'लोकेश'

जन्मतिथि	:	1 जून, 1970
जन्मस्थान	:	गाज़ियाबाद, उत्तर प्रदेश
माता-पिता	:	श्रीमती शारदा रानी, श्री महेन्द्र कुमार गुप्ता
शिक्षा	:	बी.एड., एम.ए.(अंग्रेज़ी), एम.ए.(हिन्दी),
		पी.एच.डी.(हिन्दी)
विशेष	:	अंग्रेज़ी स्नातकोत्तर में कॉलेज में **द्वितीय** स्थान,
उपलब्धियाँ		हिन्दी स्नातकोत्तर में विश्वविद्यालय **स्वर्ण पदक**
अभिरुचियाँ	:	अध्ययन, अध्यापन, लेखन, संगीत, चित्र कला, भ्रमण
सम्प्रति	:	मुख्याध्यापिका वरिष्ठ (हैड मिस्ट्रैस सीनियर सैकेंडरी) वाइज़ इंडियन एकेडेमी
		अजमान, यू.ए.ई.
		एड्जंक्ट फैकल्टी, बनस्थली विद्यापीठ
		संपादक, अनन्य यू.ए.ई. मासिक पत्रिका
		क्षेत्रीय संपादक, इंडियन जर्नल ऑफ़ सोशल कंसर्न्स
		सह-संपादक, श्री रामचरित भवन, ह्यूस्टन, यूएसए
		पूर्व उप-संपादक, सामयिक परिवेश, अंतर्राष्ट्रीय अध्याय
		विशेष संवाददाता यूई, प्रणाम पर्यटन
		निदेशक विश्वरंग यू.ए.ई. महोत्सव, टैगोर यूनिवर्सिटी
		समन्वयक यूई हिन्दी दिवस 2021, विश्व हिन्दी सचिवालय, मॉरीशस
प्रकाशित	:	1. उपन्यास: 'रोशनी का पहरा' (2015), द्वितीय संस्करण (2022)
पुस्तकें		2. उपन्यास: 'कारागार' (2018), द्वितीय संस्करण (2022)
		3. उपन्यास: 'निर्जल सरसिज' (2022)
		4. उपन्यास: 'ऋतम्भरा के सौ द्वीप' (2022)

5.   काव्य-संग्रह: काव्य-रश्मि (2018)

6.   काव्य-संग्रह: 'छोड़ चले कदमों के निशाँ' (2020)

7.   काव्य-संग्रह: 'प्रीत बसेरा" (2020)

8.   काव्य-संग्रह: षड्गंधा (2023)

9.   शोध ग्रंथ:- 'रघुवीर सहाय के गद्य में सामाजिक चेतना' (2017)

10. संस्मरण संग्रह: 'झरोखे' (2019)

11. कथा संग्रह: 'साँच की आँच' (2021)

12. कथा संग्रह: 'कुहासे के तुहिन' (2022)

13. कथेतर गद्य: 'कथ्य-अकथ्य' (2022)

14. 'होनहार बिरवान': यू.ए.ई. के बालकवियों की हिंदी कविताओं का संग्रह (2021)

15. 'डॉ. अशोक कुमार मंगलेश : काव्य एवं साहित्य चिंतन' (2022)

16. 'सोच- हिन्दी इमाराती चश्मे से': यू.ए.ई. के प्रवासी भारतीय रचनाकारों का पद्य-गद्य संकलन (2021)

प्रकाशित रचनाएँ   :

1. यू.ए.ई. संस्कृति पर लेख: विदेश मंत्रालय भारत सरकार की स्मारिका के अतिरिक्त 'वीणा', 'हिंदुस्तानी भाषा भारती', 'गर्भनाल' जैसी प्रतिष्ठित पत्रिकाओं में तथा 'सोच' पुस्तक में प्रकाशित

2. कविताएँ: 'हरियाणा प्रदीप' साहित्यिक पत्र, 'वसुंधरा पोस्ट' समाचार पत्र, 'मुक्तांचल', 'गृहस्वामिनी', 'साहित्य त्रिवेणी', 'अनुभूति', 'सौरभ', 'साहित्य कुञ्ज', 'लेखनी', 'इंडियन जर्नल ऑफ़ सोशल साइंसेज', 'सेतु', 'अनुकर्ष' में प्रकाशित।

3. कहानियाँ: '12 वें विश्व हिंदी सम्मेलन के संदर्भ में विश्व हिंदी साहित्य' विश्व हिंदी सचिवालय मॉरीशस, 'शोध दिशा', 'इंद्रप्रस्थ भारती', 'वीणा', 'हिंदुस्तानी भाषा भारती', 'प्रणाम पर्यटन', 'दोआबा', 'गर्भनाल', 'परिकथा', 'समकालीन त्रिवेणी', 'साहित्य गुंजन', 'संगिनी', 'सृजन महोत्सव', 'कथारंग', 'विश्वरंग', 'इलैक्ट्रॉनिकी आपके लिए', 'अक्षरा', 'सरस्वती सुमन', 'साहित्य त्रिवेणी', 'साहित्य कुञ्ज', 'पुरवाई', 'वसुधा', 'निर्दलीय', 'सेतु' में प्रकाशित, ('सरस्वती' में चयनित)

4. पुस्तक समीक्षाएँ: 'दोआबा' पत्रिका, 'संस्कार न्यूज़ समाचार-पत्र में पुस्तक 'डॉ. अशोक कुमार 'मंगलेश' : समग्र साहित्यालोचन', 'हिंदी बुनियाद', 'हिंद सागर' में प्रकाशित

5. प्रवासी साहित्य: कविताएँ 'मुक्तांचल' पत्रिका के 'प्रवासी कलम' कॉलम में प्रकाशित, प्रवासी संस्मरण 'भीगे पल की भीगी यादें' गर्भनाल पत्रिका के 'बतकही' कॉलम में प्रकाशित

6. संस्मरण: 'गर्भनाल', 'सिंगापोर संगम', 'विश्वरंग' पत्रिका, टैगोर विश्वविद्यालय में प्रकाशित

7. यात्रा संस्मरण: 'यूक्रेन', 'मोंटेनेग्रो', 'किर्गिज़्तान', 'मलेशिया' तथा 'ओमान' देशों का यात्रा वृत्तांत 'प्रणाम पर्यटन' में प्रकाशित

8. अंग्रेज़ी आलेख: अंग्रेज़ी भाषा में खाड़ी देशों की साप्ताहिक पत्रिका 'फ्राइडे' में समय-समय पर प्रकाशित

9. आलेख: 'गर्भनाल', 'वीणा', 'हिंदुस्तानी भाषा भारती', 'सामयिक परिवेश', 'साहित्य त्रिवेणी', 'साहित्य का विश्वरंग', 'द पब्लिक', 'रचना उत्सव' जैसी प्रतिष्ठित पत्रिकाओं में तथा 'सोच' पुस्तक में प्रकाशित

10. शोध-पत्र: 'द्रष्टा', 'शोध दिशा', 'इंडियन जर्नल ऑफ़ सोशल कंसर्न्स' जर्नल, 'रामायण के मोती', 'पंचम अंतरराष्ट्रीय रामायण अधिवेशन' में प्रकाशित

11. पुस्तक-भूमिका: पुस्तक 'शील कौशिक का काव्य और शिल्पबोध' की भूमिका का लेखन प्रकाशित, डॉ. अशोक कुमार मंगलेश की 'खूँ : वैश्विक बंधुत्व का सेतु' पुस्तक पर फ्लैप टिप्पणी तथा डॉ. सोमवीर सिवाच की 'डॉ. अशोक कुमार 'मंगलेश' का साहित्य सौरभ' पर फ्लैप टिप्पणी, व्यास योगेश की 'थोड़ी कविता थोड़ा प्रेम पूरी राधा' काव्य-संग्रह की प्रस्तावना, अंग्रेज़ी में अनूदित पुस्तक 'सीक्रेट्स ऑफ़ हैप्पीनेस' की अंग्रेज़ी में फ्लैप टिप्पणी

12. लघुकथा: 'प्रणाम पर्यटन', 'संगिनी', 'साहित्य कुञ्ज', 'नव किरण', 'अनन्य यू.ए.ई.', 'सौरभ', 'लोकमत समाचार' में प्रकाशित

13. समाचार: 'वसुंधरा पोस्ट', 'इंदौर समाचार', 'दैनिक भास्कर', 'दैनिक सवेरा' 'सिटी एयर न्यूज़', 'संस्कार न्यूज़', 'अमर उजाला', 'सेतु', 'सौरभ', 'नवोदित प्रवाह' में प्रकाशित

14. रिपोर्ट: 'हिंदुस्तानी भाषा भारती' तथा 'अभिव्यक्ति' में प्रकाशित

15. बाल साहित्य: 'संगिनी', 'बाल किरण', 'नवचेतना' में प्रकाशित

16. अनुवाद: 'जल चालीसा' का अंग्रेज़ी अनुवाद

17. साक्षात्कार: 'लेखनी 'इंग्लैंड, यू.के. में साक्षात्कार

सह- सम्पादित	:	1. 'राम काव्य पीयूष' काव्य-संग्रह (श्री राम चरित भवन, ह्यूस्टन, यू.एस.ए.)
		2. 'कृष्ण काव्य पीयूष' काव्य-संग्रह (श्री राम चरित भवन, ह्यूस्टन, यू.एस.ए.)
		3. 'सोच- हिन्दी इमाराती चश्मे से' (डीकॉम डिज़ाइन कम्पनी, दुबई, यू.ए.ई.)
		4. 'सामयिक परिवेश' अप्रवासी भारतीय विशेषांक मार्च 2021
		5. 'इंडियन जर्नल ऑफ़ सोशल कंसर्न्स', रिसर्च जर्नल ऑफ़ ह्यूमैनिटीज़ एंड सोशल साइंसिज अंक 44 से 50
		6. 'भारत काव्य पीयूष' काव्य-संग्रह (श्री राम चरित भवन, ह्यूस्टन, यू.एस.ए.)
साझा-संग्रह	:	1. 'सीप में समुद्र' लघुकथा संग्रह (अयन प्रकाशन)
		2. 'राम काव्य पीयूष' काव्य संग्रह (श्री राम चरित भवन)
		3. 'कृष्ण काव्य पीयूष' काव्य-संग्रह (श्री राम चरित भवन)
		4. 'रामायण के मोती' आलेख-संग्रह (श्री राम चरित भवन)
		5. 'माँ' काव्य-संग्रह (साहित्यपीडिया पब्लिशिंग)
		6. 'कोरोना' काव्य-संग्रह (साहित्यपीडिया पब्लिशिंग)
		7. '21 श्रेष्ठ युवामन की कहानियाँ' कहानी-संग्रह (डायमंड बुक्स)
		8. 'सोच- हिन्दी इमाराती चश्मे से' यूएई से प्रकाशित

9. 'मेरे पापा' काव्य-संग्रह (पांखुरी प्रकाशन)
10. 'राम हाइकु पीयूष' (श्री राम चरित भवन, ह्यूस्टन)
11. 'भारत काव्य पीयूष' काव्य-संग्रह (वैश्विक हिंदी संस्थान, ह्यूस्टन, यू.एस.ए.)
12. 'कथारंग' सृजन वार्षिकी (गायत्री प्रकाशन) 2021
13. 'रिश्ता' लघुकथा संग्रह (डॉ. दिनेशमणि त्रिपाठी द्वारा संपादित)
14. 'विवशता' कहानी संग्रह (डॉ. प्रवेशकारी द्वारा संपादित)
15. 'कथाकार' कहानी-संग्रह (नोशनप्रेस द्वारा प्रकाशित)
16. कथारंग 2022 : देश-देशांतर की कहनियाँ और विमर्श में 'फ़िबोनाची प्रेम' कहानी पर विमर्श (हंस प्रकाशन)
17. 'कथारंग' सृजन वार्षिकी (गायत्री प्रकाशन) 2022-23
18. '21वीं सदी के 2121 कवि' राजभाषा पर कविता-संग्रह (कलम की सुगंध)
19. 'साहित्य स्वर' भारत-दुबई साझा संकलन (शुभ-संकल्प प्रकाशन)
20. 'कवियों पर कविता' संग्रह तंज़ानिया से प्रकाशित (डॉ. ममता सैनी के संपादन में)

सम्मान व पुरस्कार	:	

1. 'आप्रवासी हिंदी साहित्य सृजन सम्मान' व 2000 डॉलर की राशि महात्मा गाँधी संस्थान, मोका मॉरीशस, भारत व मॉरीशस सरकार द्वारा संयुक्
2. 'प्रवासी महाकवि प्रो. हरिशंकर 'आदेश' स्मृति साहित्य सम्मान' (निर्मला स्मृति साहित्यिक संस्था द्वारा)
3. 'काव्य विभूषण' सम्मान (वैश्विक हिंदी संस्थान, ह्यूस्टन, यू.एस.ए. द्वारा)
4. रंग राची सम्मान (शब्द शक्ति साहित्यिक संस्था द्वारा)
5. 'शिक्षा रत्न' सम्मान (रेडियो मेरी आवाज़)
6. 'हिंदी शिक्षक सम्मान' ('हिंदुस्तानी भाषा भारती' अकादमी, दिल्ली द्वारा अंगवस्त्र एवं सम्मान-समारोह दुबई)
7. 'शब्द शिल्पी भूषण सम्मान' (इंस्टीट्यूट ऑफ़ मैनेजमेंट एंड टैक्नोलोजी, उत्तर प्रदेश भाषा संस्थान लखनऊ, इंडियन जरनल ऑफ़ सोशल कंसर्न्स द्वारा प्रदत्त)
8. 'प्रज्ञा सम्मान' (प्रज्ञा साहित्यिक मंच रोहतक द्वारा प्रदत्त)
9. 'निर्मला स्मृति हिन्दी साहित्य रत्न सम्मान' (निर्मला स्मृति साहित्यिक संस्था द्वारा)
10. 'प्रवासी भारतीय समरस श्री साहित्य सम्मान' (समरस संस्थान अंतर्राष्ट्रीय द्वारा)
11. 'शुभ संकल्प एवं हुनर फ़ोक्स एकेडेमी' द्वारा सम्मानित
12. भारतीय दूतावास, आबुधाबी द्वारा प्रशस्ति पत्र
13. भारतीय कौंसलावास दुबई द्वारा प्रशस्ति पत्र
14. भारतीय दूतावास आयरलैंड द्वारा प्रशस्ति पत्र (3)
15. वर्ल्ड बुक ऑफ़ रिकॉर्ड्स लंदन द्वारा प्रशस्ति पत्र
16. अंतर्राष्ट्रीय काव्य प्रेमी मंच द्वारा प्रशस्ति-पत्र
17. वैश्विक हिंदी संस्थान ह्यूस्टन, यू.एस.ए. द्वारा प्रशस्ति-पत्र

18. रेडियो 'मेरी आवाज़' ओमान व यू.एस.ए. द्वारा 101 प्रभावशाली महिलाओं की सूची में स्थान व प्रशस्ति-पत्र

19. 'शैक्षिक आगाज' तथा 'लिटिल हैल्प ट्रस्ट' द्वारा नारी-सशक्तिकरण में योगदान के लिए प्रशस्ति-पत्र

20. 'नवचेतना' अंतर्राष्ट्रीय समूह दोहा, कतर द्वारा सम्मान-पत्र

21. 'शेयर योर ह्यूमैनिटी वैश्विक मंच' कतर द्वारा प्रशस्ति-पत्र

22. 'उभरती लेखिका' हिन्दी साहित्य में योगदान के लिए दिल्ली प्राइवेट स्कूल, शारजाह द्वारा प्रदत्त पुरस्कार

23. कविता 'माँ तुम मम मोचन' तथा 'तुम बिन जाऊँ कहाँ' साहित्यपीडिया द्वारा पुरस्कृत

24. कविता 'राधा का ध्यान योग' लड्डू गोपाल गोधाम द्वारा पुरस्कृत

25. कहानी 'फ़िबोनाची प्रेम' को शब्द निष्ठा सम्मान प्राप्त व नकद पुरस्कार

26. कहानी 'श्याम वर्ण के दर्पण' को 'बिंज हिंदी' द्वारा नेशंल राइटिंग कॉम्पीटिशन में 500 कहानियों में से 26 के अंतर्गत चयनित एवं पुरस्कृत

27. कहानी 'संथारा उत्सव' साहित्यपीडिया द्वारा पुरस्कृत

28. बालकथा 'इल्ली और प्यूपा' नवचेतना अंतर्राष्ट्रीय पत्रिका दोहा, कतर द्वारा पुरस्कृत

29. 'चाय पर चर्चा' में 'विद्यार्थियों में कला शिक्षण की प्रासंगिकता' वार्ता एक्ट यूनिवर्सल ट्रस्ट द्वारा पुरस्कृत

30. 'प्रणाम पर्यटन' तथा 'साहित्य गुंजन' पत्रिका के मुख्य-आवरण पर चित्र प्रकाशित

31. 'साहित्य अर्पण' दुबई संस्था द्वारा प्रशस्ति पत्र

32. उत्तर प्रदेश भाषा संस्थान लखनऊ, इंडियन जरनल ऑफ़ सोशल कंसर्न्स से अंतर्राष्ट्रीय शोध -संगोष्ठी प्रमाण-पत्र

33. 'स्वतंत्रता के अमृत महोत्सव' पर काव्य चयन और वैश्विक हिंदी संस्थान द्वारा प्रशस्ति-पत्र

विशिष्ट : 1. डॉ. आरती की पुस्तकों पर पंजाब, हरियाणा, ओडिशा तथा यूक्रेन के विश्वविद्यालयों में शोधकार्य

2. पुस्तक 'डॉ. आरती 'लोकेश' की साहित्य सुरभि', संपादक डॉ. पूनम अहलावत डॉ. उर्मिला देवी चौधरी द्वारा 2022 में प्रकाशित

3. कहानी 'मोह का ताना-बाना' का पंजाबी भाषा में अनुवाद एवं श्री तेजिंदर चंडिहोक जी की पुस्तक 'रिशितयाँ दे धरातल' में शामिल

4. डॉ. दीपा रस्तोगी, डॉ. उर्मिला चौधरी, डॉ. प्रदीप श्रीवास्तव, डॉ. मनोज प्रीत, श्रीमान प्रेम विज, कौसर भुट्टो, डॉ. अरुण कुमार निषाद, श्री मुकेश दुबे द्वारा की गई पुस्तक-समीक्षाएँ 'गर्भनाल', 'सामयिक परिवेश', 'अनन्य यू.ए.ई.', 'प्रणाम पर्यटन', 'समीक्षा के पल', 'दैनिक उत्तम हिंदू', 'सेतु', 'हस्ताक्षर', 'दस्तक दर्पण' में प्रकाशित

मुख्य : विशिष्ट अतिथि : गुरु काशी विश्वविद्यालय में हिंदी दिवस तथा अंतर्राष्ट्रीय संगोष्ठी

गतिविधियाँ

मुख्य अतिथि : 'ग्लोबल टीचर्स अवार्ड' कार्यक्रम, रेडियो मेरी आवाज़ द्वारा

मुख्य अतिथि : 'काव्य विविधा' व 'काव्य कलश' पुस्तक विमोचन उत्सव

मुख्य अतिथि : 'प्रीत साहित्य सदन' काव्य गोष्ठी

विशिष्ट अतिथि : 'ग्लोबल हिंदी फ़ाउंडेशन' सिंगापोर में विश्व पर्यावरण दिवस पर, 'अपेक्षाओं के बियाबान' विमोचन पर, 'महिला काव्य मंच' दुबई इकाई की काव्य-गोष्ठी

अतिथि वक्ता: उत्तर प्रदेश भाषा संस्थान तथा 'इंडियन जर्नल ऑफ़ सोशल कंसन्र्स' के अंतर्राष्ट्रीय अधिवेशन में अतिथि वक्तव्य

अध्यक्षता : डॉ. रमेश पोखरियाल 'निशंक' के काव्य-संग्रह 'कोई मुश्किल नहीं' पर साहित्य वार्ता कार्यक्रम में अध्यक्षता

विशिष्ट वक्तव्य : पूर्व केंद्रीय शिक्षा मंत्री डॉ. रमेश पोखरियाल निशंक जी के रचना संसार पर 1-2 मई 2023 को ऋषिकेश में आयोजित दोदिवसीय अन्तरराष्ट्रीय संगोष्ठी व सम्मेलन में ऑनलाइन सत्र में स्याही ब्लू और हिमालय बुक ट्रस्ट के सद्प्रयासों से मिले 'वर्ल्ड बुक रिकॉर्ड' और 'हार्वर्ड वर्ल्ड रिकॉर्ड' की उपलब्धि का जश्न मनाते हुए डॉ. विवेक मणि त्रिपाठी जी के संयोजन में वक्तव्य

मुख्य कवयित्री: 'समरस संस्थान अंतर्राष्ट्रीय' श्री मुकेश व्यास के मंच पर, 'विशेष वार्ता' प्रीति के साथ, 'मन के भाव' कार्यक्रम साहित्य अर्पण द्वारा, 'द न्यू भारत' टी.एन.बी. चैनल, 'अंजुमन-ए-पाँखुड़ी' अंतरराष्ट्रीय मंच कुवैत, काव्य संवाद के रंग प्रवासी भारतीय संग, संगीता चौबे द्वारा लेखकीय यात्रा संबंधी भेंटवार्ता, 'नई कलम नया कलाम' 12 मई 2023, प्रफुल्ल पांड्या द्वारा आयोजित, निशा गुप्ता 'अतुल्य' द्वारा संचालित लेखकीय वार्ता व एकल काव्य पाठ

वर्ल्ड रिकार्ड ऑफ़ लंदन में दर्ज 'द मैजिकमैन एन चंद्रा फाउंडेशन' के महाकवि गुलाब खंडेलवाल स्मृति साहित्योत्सव सत्र-33 में 23/5/2023 को 15 मिनट कविता पाठ

मुख्य कविता पाठ : भारतीय कौंसलावास दुबई द्वारा आयोजित 'विश्व हिन्दी दिवस' पर हिन्दी विषय पर कविता पाठ

निर्णायकीय कार्य: एम्बैसेडर स्कूल दुबई, जेम्स मॉडर्न एकेडमी दुबई, भारतीय विद्या भवन आबुधाबी के 'भवन्स' की अंतर्विद्यालय प्रतियोगिता में निर्णायक

अथक चेष्टा ट्रस्ट यूनिवर्सल' संस्था द्वारा आयोजित बालकों की अंग्रेज़ी प्रतियोगिता के अंतिम चक्र में निर्णायक

टी. एन. बी. न्यूज़ चैनल पर शिक्षक दिवस पर वार्ता

20 विभिन्न कार्यक्रमों का आयोजन

15 विभिन्न कार्यक्रमों में मंच संचालन

40 से अधिक विभिन्न मंचों पर कविता पाठ

6 अंतर्राष्ट्रीय मंचों पर कहानी पाठ

10 प्रसिद्ध महानुभावों के साक्षात्कार

4 कार्यक्रमों में शोध-पत्र/समीक्षा वाचन

4 से अधिक पुस्तकों की प्रूफ़ रीडिंग

लेखक पेज	:	https://www.amazon.com/author/drartilokesh
		https://notionpress.com/author/314504
कविता	:	Kavitakosh.org/kk/आरती_'लोकेश'
कोश		51 से अधिक कविताओं को कविता कोश में स्थान
यूट्यूब	:	https://youtu.be/-_-OPkKVQgI
कथाएँ		https://youtu.be/_CXUrb5wnSc
		https://youtu.be/OcA4fvBPmy8
		https://youtu.be/ntCcswrDWNs
फेसबुक पेज	:	https://www.facebook.com/arti.goel.lokesh
संपर्क	:	arti.goel@hotmail.com; arti.goel1@gmail.com
वर्तमान पता	:	Dubai. U.A.E.
स्थायी पता	:	यमुना विहार, दिल्ली 110053